3rd Edition

파고다교육그룹 언어교육연구소 | 저

PAGODA TOEFL

Actual Test
Speaking

PAGODA Books

3rd Edition PAGODA TOEFL

Actual Test
Speaking

초 판	1쇄 발행	2014년 12월 15일
개정 2판	1쇄 발행	2021년 2월 26일
개정 3판	1쇄 인쇄	2025년 4월 21일
개정 3판	1쇄 발행	2025년 4월 30일

지 은 이 | 파고다교육그룹 언어교육연구소
펴 낸 이 | 박경실
펴 낸 곳 | **PAGODA Books** 파고다북스
출판등록 | 2005년 5월 27일 제 300-2005-90호
주 소 | 06614 서울특별시 서초구 강남대로 419, 19층(서초동, 파고다타워)
전 화 | (02) 6940-4070
팩 스 | (02) 536-0660
홈페이지 | www.pagodabook.com

저작권자 | ⓒ 2014, 2021, 2025 파고다아카데미, 파고다에스씨에스

ISBN 978-89-6281-939-7 (13740)

파고다북스	www.pagodabook.com
파고다 어학원	www.pagoda21.com
파고다 인강	www.pagodastar.com
테스트 클리닉	www.testclinic.com

▎낙장 및 파본은 구매처에서 교환해 드립니다.

2023년 7월
New iBT TOEFL®의 시작!

TOEFL 주관사인 미국 ETS(Educational Testing Service)는 iBT TOEFL® 시험에서 채점되지 않는 더미 문제가 삭제되면서 시간이 개정 전 3시간에서 개정 후 2시간 이하로 단축됐으며, 새로운 라이팅 유형이 추가되었다고 발표했다. 새로 바뀐 iBT TOEFL® 시험은 2023년 7월 26일 정기 시험부터 시행된다.

 - 총 시험 시간 기존 약 3시간 ⋯› 약 2시간으로 단축
 - 시험 점수는 각 영역당 30점씩 총 120점 만점으로 기존과 변함없음

영역	2023년 7월 26일 이전	2023년 7월 26일 이후
Reading	지문 3~4개 각 지문 당 10문제 시험 시간 54~72분	지문 2개 각 지문 당 10개 시험 시간 36분
Listening	대화 2~3개, 각 5문제 강의 3~5개, 각 6문제 시험 시간 41~57분	28문제 대화 2개, 각 5문제 강의 3개, 각 6문제 시험 시간 36분
Speaking	*변함없음 4문제 독립형 과제 1개 통합형 과제 3개 시험 시간 17분	
Writing	2문제 통합형 과제 1개 독립형 과제 1개 시험 시간 50분	2문제 통합형 과제 1개 수업 토론형 과제 1개 시험 시간 30분

목차

해설서

이 책의 구성과 특징

>> **New TOEFL 변경사항 및 최신 출제 유형 완벽 반영!**
2023년 7월부터 변경된 새로운 토플 시험을 반영, iBT TOEFL®의 출제 경향을 완벽하게 반영한 문제와 주제를 골고루 다루고 있습니다.

>> **예제를 통한 문제 유형별 공략법 정리!**
본격적으로 실전에 들어가기에 앞서, iBT TOEFL® Speaking의 4가지 문제 유형과 예시답변을 정리해 자주 나오는 질문을 파악하고 iBT TOEFL® 전문 연구원이 제시하는 고득점 답변 필수 전략을 학습할 수 있도록 구성했습니다.

>> **TOEFL Speaking에서 자주 사용하는 핵심 표현 정리!**
각 문제 유형별로 답변에서 자주 사용하는 핵심 표현들을 예문과 함께 정리해, 시험장에 가기 전 핵심 표현만 다시 한 번 손쉽게 확인할 수 있도록 준비했습니다.

>> **7회분의 Actual Test로 실전 완벽 대비!**
실제 시험과 동일하게 구성된 7회분의 Actual Test를 수록해 실전에 철저하게 대비할 수 있도록 구성했습니다.

>> **추가 3회분의 Actual TEST 온라인으로 제공!**
교재 외에 추가 3회분의 Actual TEST를 파고다북스 홈페이지에서 PDF로 다운로드 받으실 수 있습니다. (총 10회분의 Actual TEST 제공)

>> **그룹 스터디와 독학에 유용한 단어 시험지 생성기 제공!**
자동 단어 시험지 생성기를 통해 교재를 학습하면서 외운 단어 실력을 테스트해 볼 수 있습니다.

▶ 사용 방법: 파고다북스 홈페이지(www.pagodabook.com)에 로그인한 후 상단 메뉴의 [모의테스트] 클릭 > 모의테스트 메뉴에서 [단어 시험] 클릭 > TOEFL - PAGODA TOEFL Actual Test Speaking 을 고른 후 원하는 문제 수를 입력하고 문제 유형 선택 > '단어 시험지 생성'을 누르고 별도의 브라우 저 창으로 뜬 단어 시험지를 PDF로 내려 받거나 인쇄

>> **무료 MP3 다운로드 제공**
파고다북스 홈페이지(www.pagodabook.com)에서 교재 MP3 다운로드 가능합니다

▶ 이용 방법: 파고다북스 홈페이지(www. pagodabook.com)에서 해당 도서 검색 > 도서 상세 페이지 의 '도서 자료실' 코너에 등록된 MP3 자료 다운로드(로그인 필요)

PART 01. Question Types

iBT TOEFL® 전문 연구원이 제안하는 4가지 문제 유형별 고득점 전략을 학습하고, 각 문제 유형별로 답변에서 자주 사용하는 핵심 표현들을 예문과 함께 익힐 수 있습니다.

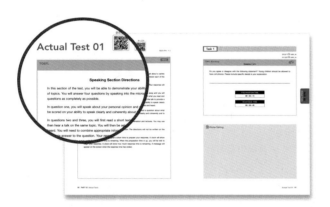

PART 02. Actual Tests

실제 시험과 동일하게 구성된 7회분의 Actual Test를 통해 실전에 대비합니다.

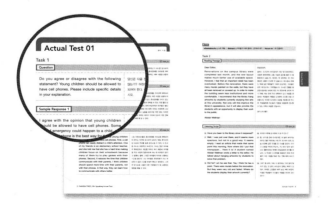

예시 답변 및 해석

읽기/듣기 지문 및 해석, 질문에 대한 예시 답변, 주요 어휘 정리를 수록했습니다.

4주 완성 학습 플랜

DAY 1	DAY 2	DAY 3	DAY 4	DAY 5
PART 01				
01 Independent Task: Choice/ Preference • 문제 유형 및 전략 • Sample Questions	02 Integrated Task: Campus-Related • 문제 유형 및 전략 • Sample Questions	03 Integrated Task: Academic Lecture I • 문제 유형 및 전략 • Sample Questions	04 Integrated Task: Academic Lecture II • 문제 유형 및 전략 • Sample Questions	PART 01 Review • Sample Questions 다시 보기 • 표현 및 단어 암기

DAY 6	DAY 7	DAY 8	DAY 9	DAY 10
PART 01				**PART 02**
Actual Test 01 • 문제 풀이	Actual Test 01 Review • 문제 & 답변 다시 보기 • 표현 및 단어 암기	Actual Test 02 • 문제 풀이	Actual Test 02 Review • 문제 & 답변 다시 보기 • 표현 및 단어 암기	Actual Test 03 • 문제 풀이

DAY 11	DAY 12	DAY 13	DAY 14	DAY 15
PART 02				
Actual Test 03 Review • 문제 & 답변 다시 보기 • 표현 및 단어 암기	Actual Test 04 • 문제 풀이	Actual Test 04 Review • 문제 & 답변 다시 보기 • 표현 및 단어 암기	Actual Test 05 • 문제 풀이	Actual Test 05 Review • 문제 & 답변 다시 보기 • 표현 및 단어 암기

DAY 16	DAY 17	DAY 18	DAY 19	DAY 20
PART 02				
Actual Test 06 • 문제 풀이	Actual Test 06 Review • 문제 & 답변 다시 보기 • 표현 및 단어 암기	Actual Test 07 • 문제 풀이	Actual Test 07 Review • 문제 & 답변 다시 보기 • 표현 및 단어 암기	PART 02 Review • 문제 & 답변 다시 보기 • 학습한 표현 및 단어 총정리

iBT TOEFL® 개요

1. iBT TOEFL® 이란?

TOEFL은 영어 사용 국가로 유학을 가고자 하는 외국인들의 영어 능력을 평가하기 위해 개발된 시험이다. TOEFL 시험 출제 기관인 ETS는 이러한 TOEFL 본연의 목적에 맞게 문제의 변별력을 더욱 높이고자 PBT(Paper-Based Test), CBT(Computer-Based Test)에 이어 차세대 시험인 인터넷 기반의 iBT(Internet-Based Test)를 2005년 9월부터 시행하고 있다. ETS에서 연간 30~40회 정도로 지정한 날짜에 등록함으로써 치르게 되는 이 시험은 Reading, Listening, Speaking, Writing 총 4개 영역으로 구성되며 총 시험 시간은 약 2시간이다. 각 영역별 점수는 30점으로 총점 120점을 만점으로 하며 성적은 시험 시행 약 4~8일 후에 온라인에서 확인할 수 있다.

2. iBT TOEFL®의 특징

1) 영어 사용 국가로 유학 시 필요한 언어 능력을 평가한다.

각 시험 영역은 실제 학업이나 캠퍼스 생활에 반드시 필요한 언어 능력을 측정한다. 평가되는 언어 능력에는 자신의 의견 및 선호도 전달하기, 강의 요약하기, 에세이 작성하기, 학술적인 주제의 글을 읽고 내용 이해하기 등이 포함되며, 각 영역에 걸쳐 고르게 평가된다.

2) Reading, Listening, Speaking, Writing 전 영역의 통합적인 영어 능력(Integrated Skill)을 평가한다.

시험이 4개 영역으로 분류되어 있기는 하지만 Speaking과 Writing 영역에서는 [Listening + Speaking], [Reading + Listening + Speaking], [Reading + Listening + Writing]과 같은 형태로 학습자가 둘 또는 세 개의 언어 영역을 통합해서 사용할 수 있는지를 평가한다.

3) Reading 지문 및 Listening 스크립트가 길다.

Reading 지문은 700단어 내외로 A4용지 약 1.5장 분량이며, Listening은 3~4분 가량의 대화와 6~8분 가량의 강의로 구성된다.

4) 전 영역에서 노트 필기(Note-taking)를 할 수 있다.

긴 지문을 읽거나 강의를 들으면서 핵심 사항을 간략하게 적어두었다가 문제를 풀 때 참고할 수 있다. 노트 필기한 종이는 시험 후 수거 및 폐기된다.

5) 선형적(Linear) 방식으로 평가된다.

응시자가 시험을 보는 과정에서 실력에 따라 문제의 난이도가 조정되어 출제되는 CAT(Computer Adaptive Test) 방식이 아니라, 정해진 문제가 모든 응시자에게 동일하게 제시되는 선형적인 방식으로 평가된다.

6) 시험 응시일이 제한된다.

시험은 주로 토요일과 일요일에만 시행되며, 시험에 재응시할 경우, 시험 응시일 3일 후부터 재응시 가능하다.

7) Performance Feedback이 주어진다.

온라인 및 우편으로 발송된 성적표에는 수치화된 점수뿐 아니라 각 영역별로 수험자의 과제 수행 정도를 나타내는 표도 제공된다.

3. iBT TOEFL®의 구성

시험 영역	Reading, Listening, Speaking, Writing
시험 시간	약 2시간
시험 횟수	연 30~40회(날짜는 ETS에서 지정)
총점	0~120점
영역별 점수	각 영역별 30점
성적 확인	응시일로부터 4~8일 후 온라인에서 성적 확인 가능

시험 영역	문제 구성	시간
Reading	● 독해 지문 2개, 총 20문제가 출제된다. ● 각 지문 길이 700단어 내외, 지문당 10개 문제	36분
Listening	● 대화(Conversation) 2개(각 5문제씩)와 강의(Lecture) 3개(각 6문제씩)가 출제된다.	36분
Break		10분
Speaking	● 독립형 과제(Independent Task) 1개, 통합형 과제(Integrated Task) 3개 총 4개 문제가 출제된다.	17분
Writing	● 통합형 과제(Integrated Task) 1개(20분) ● 수업 토론형 과제 (Writing for Academic Discussion) 1개(9분)	30분

4. iBT TOEFL®의 점수

1) 영역별 점수

Reading	0~30	Listening	0~30
Speaking	0~30	Writing	0~30

2) iBT, CBT, PBT 간 점수 비교

기존에 있던 CBT, PBT 시험은 폐지되었으며, 마지막으로 시행된 CBT, PBT 시험 이후 2년 이상이 경과되어 과거 응시자의 시험 성적 또한 유효하지 않다.

5. 시험 등록 및 응시 절차

1) 시험 등록

온라인과 전화로 시험 응시일과 각 지역의 시험장을 확인하여 신청할 수 있으며, 일반 접수는 시험 희망 응시일 7일 전까지 가능하다.

❶ 온라인 등록

ETS 토플 등록 사이트(https://www.ets.org/mytoefl)에 들어가 화면 지시에 따라 등록한다. 비용은 신용카드로 지불하게 되므로 American Express, Master Card, VISA 등 국제적으로 통용되는 신용카드를 미리 준비해 둔다. 시험을 등록하기 위해서는 회원 가입이 선행되어야 한다.

❷ 전화 등록

한국 프로메트릭 콜센터(00-7981-4203-0248)에 09:00~17:00 사이에 전화를 걸어 등록한다.

2) 추가 등록

시험 희망 응시일 3일(공휴일을 제외한 업무일 기준) 전까지 US $60의 추가 비용으로 등록 가능하다.

3) 등록 비용

2023년 현재 US $220(가격 변동이 있을 수 있음)

4) 시험 취소와 변경

ETS 토플 등록 사이트나 한국 프로메트릭(00-7981-4203-0248)으로 전화해서 시험을 취소하거나 응시 날짜를 변경할 수 있다. 등록 취소와 날짜 변경은 시험 날짜 4일 전까지 해야 한다. 날짜를 변경하려면 등록 번호와 등록 시 사용했던 성명이 필요하며 비용은 US $60이다.

5) 시험 당일 소지품

❶ 사진이 포함된 신분증(주민등록증, 운전면허증, 여권 중 하나)

❷ 시험 등록 번호(Registration Number)

6) 시험 절차

❶ 사무실에서 신분증과 등록 번호를 통해 등록을 확인한다.

❷ 기밀 서약서(Confidentiality Statement)를 작성한 후 서명한다.

❸ 소지품 검사, 사진 촬영, 음성 녹음 및 최종 신분 확인을 하고 연필과 연습장(Scratch Paper)을 제공받는다.

❹ 감독관의 지시에 따라 시험실에 입실하여 지정된 개인 부스로 이동하여 시험을 시작한다.

❺ Reading과 Listening 영역이 끝난 후 10분간의 휴식이 주어진다.

❻ 시험 진행에 문제가 있을 경우 손을 들어 감독관의 지시에 따르도록 한다.

❼ Writing 영역 답안 작성까지 모두 마치면 화면 종료 메시지를 확인한 후에 신분증을 챙겨 퇴실한다.

7) 성적 확인

응시일로부터 약 4~8일 후부터 온라인으로 점수 확인이 가능하며, 시험 전에 종이 사본 수령을 신청했을 경우 약 11-15일 후 우편으로 성적표를 받을 수 있다.

6. 실제 시험 화면 구성

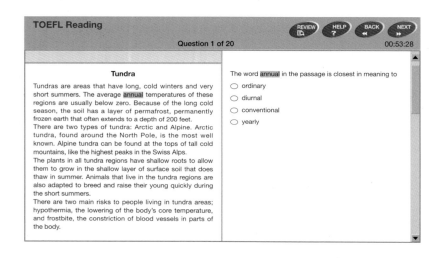

전체 Direction

시험 전체에 대한 구성 설명

Reading 영역 화면

지문은 왼쪽에, 문제는
오른쪽에 제시

Listening 영역 화면

수험자가 대화나 강의를 듣는
동안 사진이 제시됨

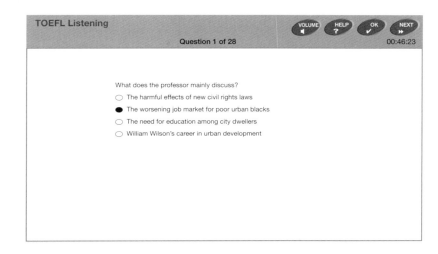

Listening 영역 화면

듣기가 끝난 후 문제 화면이 등장

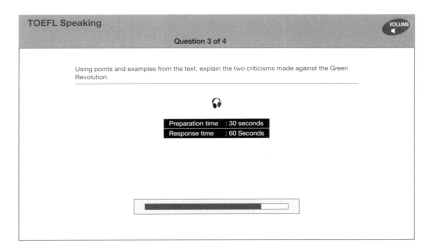

Speaking 영역 화면

문제가 주어진 후, 답변을 준비하는 시간과 말하는 시간을 알려줌

TOEFL Writing

VOLUME HELP NEXT

Question 1 of 2

In the late 14th century, an unknown poet from the Midlands composed four poems titled *Pearl*, *Sir Gawain and the Green Knight*, *Patience*, and *Cleanness*. This collection of poems is referred to as Cotton Nero A.x and the author is often referred to as the Pearl Poet. Up to this day, there have been many theories regarding the identity of this poet, and these are three of the most popular ones.

The first theory is that the author's name was Hugh, and it is based on the *Chronicle of Andrew of Wyntoun*. In the chronicle, an author called Hucheon (little Hugh) is credited with writing three poems, one of which is about the adventures of Gawain. Not only that, but all three poems are written in alliterative verse, as are all four of the poems in *Cotton Nero A.x*. Since they are written in the same style and one poem from each set concerns Gawain, some people contend that all of the *Cotton Nero A.x* poems were written by Hugh.

The second theory is that John Massey was the poet, and it is supported by another poem called *St. Erkenwald* and penmanship. Although the actual authorship of *St. Erkenwald* is unknown, John Massey was a poet who lived in the correct area and time for scholars to attribute it to him. This manuscript was written in very similar handwriting to that of the Pearl Poet, which indicates that one person is likely the author of all five of the poems.

The third theory is that the poems were actually written by different authors from the same region of England. This comes from the fact that there is little linking the poems to each other. Two are concerned with the Arthur legends, but the only link connecting the other two is that they describe the same area of the countryside. They also seem to be written in the same dialect. Taken together, these facts indicate that they were written in the same region, but they probably were not written by the same person.

Writing 영역 화면

왼쪽에 문제가 주어지고 오른쪽에 답을 직접 타이핑할 수 있는 공간이 주어짐

복사(Copy), 자르기(Cut), 붙여넣기(Paste) 버튼이 위쪽에 위치함

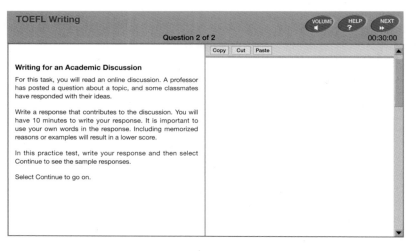

Writing 영역 화면

왼쪽에 문제가 주어지고 오른쪽에 답을 직접 타이핑할 수 있는 공간이 주어짐

복사(Copy), 자르기(Cut), 붙여넣기(Paste) 버튼이 위쪽에 위치함

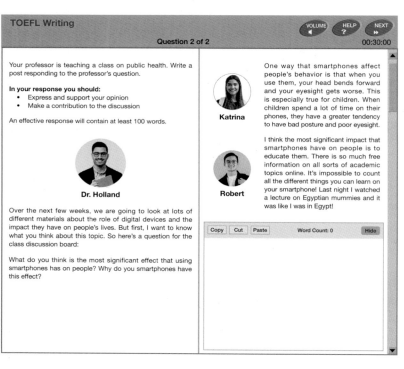

Writing 영역 화면

왼쪽에 문제가 주어지고 오른쪽에 답을 직접 타이핑할 수 있는 공간이 주어짐

복사(Copy), 자르기(Cut), 붙여넣기(Paste) 버튼이 타이핑하는 곳 위쪽에 위치함

iBT TOEFL® Speaking 개요

1. Speaking 영역의 특징

Speaking 영역은 수험자가 영어권 국가에서 공부할 때 효율적으로 담화를 통해 자기 생각을 표현할 수 있는 능력, 즉 교실 안팎에서 읽고 들었던 정보에 대해서 이야기하고 자신의 가치관 및 의견을 말할 수 있는 능력을 측정하는 데 그 목적이 있다. 상황별 상세 목적은 다음과 같다.

❶ in class: 수업 시간에

다양한 주제의 학술 토론

교수나 다른 학생과 질문하고 질문에 답하기

자신의 의견 및 주장 말하기

❷ around campus: 캠퍼스 주변에서

다른 학생들과 친숙한 주제에 대한 일상의 대화(음악, 여행, 세계적 이슈, 정치 등)

서점, 기숙사, 도서관 같은 곳에서의 대화

2. Speaking 영역의 구성

진행 시간	문제 개수	문제 형태
총 17분	4개	1. Independent Task(문제 1번) 독립형 과제에서는 질문에 대한 개인적 의견을 말한다. 2. Integrated Task(문제 2번, 3번, 4번) 통합형 과제에서는 읽거나 들은 정보를 바탕으로 질문에 답한다.

3. Speaking 영역의 시험 유형 및 시간 배분

		문제 유형		시간 배분
독립형	Q1. 선택	두 가지 상반되는 선택 사항을 주고 선호하는 것을 선택하거나 찬/반 입장을 이유와 함께 설명	말하기	준비 시간 15초 답변 시간 45초
통합형	Q2. 상황 설명 <캠퍼스 관련>	• 읽기 캠퍼스와 관련된 상황에 관한 지문 • 듣기 읽기 지문에 관한 두 사람의 대화 • 말하기 읽기 지문에 관한 화자의 의견을 요약하는 문제	읽기 ↓ 듣기 ↓ 말하기	읽기 시간 45 / 50초 준비 시간 30초 답변 시간 60초
	Q3. 일반적 개념 과 구체적 개념 <학술적 주제>	• 읽기 학술적 주제와 일반적 개념 지문 • 듣기 읽기 지문의 구체적 내용 강의 • 말하기 읽기와 듣기를 통해 얻은 정보를 요약하는 문제	읽기 ↓ 듣기 ↓ 말하기	읽기 시간 45 / 50초 준비 시간 30초 답변 시간 60초
	Q4. 요약 <학술적 주제>	• 듣기 학술적 주제에 관련된 강의 • 말하기 강의의 주제와 세부사항을 파악하여 요약하는 문제	듣기 ↓ 말하기	준비 시간 20초 답변 시간 60초

4. 기존 시험과 개정 시험 간 Speaking 영역 비교

	기존 iBT (~2023년 7월 전)	개정 후 iBT (2023년 7월 이후)
문제 개수	4개	
독립형 과제	1개	
통합형 과제	3개	
시험 시간	17분	

• 통합형 과제의 읽기와 듣기의 길이 및 난이도에는 변화가 없다.

PAGODA TOEFL

Actual Test

SPEAKING

PART 01
Question Types

01 Independent Task: Choice/Preference

◎ TOEFL Speaking에서 첫 번째로 등장하는 독립형 과제(Independent Task)로, 질문을 듣고 답하는 간단한 유형이다.

◎ 개인이 선호하는 것 또는 동의하는 점에 관해 묻는 질문이 나온다. 선택지를 제시한 뒤 그 중 어느 것을 선호하는지 묻는 경우 보통 두 가지 선택지가 제시되지만 세 가지 선택지가 제시되는 문제도 종종 등장한다. 동의하는 점에 관한 질문은 어떠한 주제를 주고 이에 동의하는지 여부와 그 이유를 묻는다.

◎ 정해진 답이 없으므로 편하고 자연스럽게 자신의 의견을 표현하는 것이 중요하며, 모호하게 대답하지 말고 하나의 선택지를 확실히 정해 답변하는 것이 좋다.

◎ 준비 시간은 15초이며, 답변 시간은 45초이다.

📖 문제 유형

- In your opinion, [주제 질문]? Explain your opinion and include details to support your choice.
  당신 의견에는, [주제 질문]한가? 당신의 선택을 뒷받침할 수 있는 세부 사항을 포함해 당신의 의견을 설명하시오.

- Do you agree or disagree with the following statement?
  당신은 다음 진술에 동의하는가 아니면 동의하지 않는가?

- Is it better to A than B?
  A하는 것이 B하는 것보다 나은가?

- Imagine [특정 상황]. Do you think [상황 관련 질문]?
  [특정 상황]을 상상해 보시오. 당신은 [상황 관련 질문]이라고 생각하는가?

- Which of the following do you prefer? (선택지 2개 또는 3개 제시)
  당신은 다음 중 어느 것을 선호하는가?

- (상황 A와 B 비교) Which do you prefer? Why or why not?
  당신은 어느 쪽을 선호하는가? 왜 그런가 또는 왜 그렇지 않은가?

💡 문제 풀이 전략

- 생각지 못했던 의외의 질문이 등장할 수 있지만 당황하지 말고 침착하게 답변한다. 지금까지 한 번도 생각해 본 적 없는 사회적 문제나 개인 선호도에 대한 질문이 출제될 수 있다.

- 준비 시간 15초를 잘 활용하여 45초간의 답변을 위한 아웃라인(outline)을 구상한다.

- 노트 필기가 가능하므로, 머릿속으로 정리하는 것이 복잡하다면 종이에 알아보기 쉬운 그림이나 단어를 쓰면서 답변을 미리 생각해 둔다.

- 의견을 뒷받침하는 이유는 두 가지 정도가 적당하다. 그렇지 않을 경우 할 말이 없어 도중에 말이 끊기거나 답변이 너무 짧아지는 경우가 생긴다. 45초의 시간을 고려하여 이유를 뒷받침하는 세부 내용의 길이를 적절하게 조절하자.

- 질문에 관해 '모른다'거나 '상관없다'는 식의 모호한 입장을 취하지 않도록 하자. 자신의 생각을 확실히 밝히고 알맞은 근거를 제시해야 좋은 점수를 받는 데 유리하다.

- 45초는 결코 짧은 시간이 아니므로 상대방이 알아들을 수 있게 또박또박 대답하도록 한다.

- 90~100단어, 혹은 5~7문장 정도의 답변이 알맞다.

> **주의** 아무리 좋은 답변도 너무 빠르거나 발음이 좋지 못하면 좋은 점수를 기대할 수 없다. 듣는 사람의 입장을 생각해 속도와 발음에 적절히 신경 써 가며 답변하도록 한다.

Question>>

Some people argue that cloning should be banned because of human rights issues. Others say it should not be banned since it is useful for medical purposes. Which opinion do you prefer and why?

어떤 사람들은 인권 문제를 이유로 복제가 금지되어야 한다고 주장한다. 다른 사람들은 그것이 의료적 목적으로 유용하기 때문에 금지되어서는 안 된다고 말한다. 당신은 어떤 의견을 선호하며 그 이유는 무엇인가?

STEP 1 답변할 내용의 아웃라인을 메모한다.

Note-Taking

YES for cloning: help medical studies to advance

1. organs/tissues
   – helps heart attack victims

2. pregnancy
   – helps couples to have babies

STEP 2 질문에 대한 패러프레이징과 개인의 의견을 제시하며 답변을 시작한다.

◉ 주제문(Topic Sentence)에서 자주 쓰이는 표현

• I think it is better to…	나는 …하는 게 낫다고 생각한다
• Personally, I would rather…	개인적으로 나는 …하겠다[하고 싶다]
• I prefer to…	나는 …하는 것을 선호한다
• I like *A* better	나는 A를 더 좋아한다
• I think it should be…	나는 …여야 한다고 생각한다
• I agree with… / I disagree with…	나는 …에 동의한다/동의하지 않는다
• I believe…	나는 …라고 믿는다

예시 답변 QT01_EX

Since cloning can be used to help advance medical studies, **I think it should be allowed.**

복제는 의학 연구가 진전되도록 돕는 데 사용될 수 있기 때문에, 나는 그것이 허용되어야 한다고 생각한다.

STEP 3 기능어를 잘 활용해 짜임새 있는 답변을 구사한다.

◉ 이유(Reason)를 말할 때 자주 쓰이는 표현

① **이유 1:** • first   첫째

  • because   왜냐하면

  • I think…   나는 …라고 생각한다

  • for example   예를 들면

  • the main reason is that…   주된 이유는 …이다

② **이유 2:** • second   둘째

  • secondly   두 번째로

  • another reason is that…   또 다른 이유는 …이다

  • also   또한

  • moreover   게다가, 더욱이

  • furthermore   뿐만 아니라

◉ 결론(Wrap-up)에서 자주 쓰이는 표현

  • in conclusion   마지막으로, 끝으로

  • that's why…   그것이 …한 이유이다

  • to wrap up   정리하자면, 마무리하자면

  • this is the reason why…   이것이 …한 이유이다

  • overall   대체로 보아

예시 답변   🎧 QT01_EX

First, cloned cells can be grown to create human organs and tissues. **Specifically**, in the case of heart attack victims, healthy heart cells can be injected into the damaged area of the heart where they can grow and repair the damage. **Furthermore**, human cloning could be useful for couples. **To be specific**, it can give them a better chance to have a baby. **For these reasons**, it seems obvious that human cloning should not be banned.

먼저, 복제된 세포들은 자라서 사람의 장기와 조직을 만들 수 있다. 구체적으로, 심장마비 환자의 경우 건강한 심장 세포가 심장의 손상된 영역에 주입되면 자라나서 손상을 복구할 수 있다. 그뿐만 아니라, 인간 복제는 부부들에게 유용할 수 있다. 구체적으로 말하자면, 그것은 그들에게 아이를 가질 수 있는 더 나은 기회를 줄 수 있다. 이러한 이유로, 인간 복제가 금지되어서는 안 된다는 것이 명확해 보인다.

Sample Question 1

 QT01_1Q

TOEFL Speaking

VOLUME

Question 1 of 4

Some people say we need to spank our children to teach them what is good and what is bad, while others claim that spanking does not do any good for children. Which opinion do you prefer and why?

어떤 사람들은 아이들에게 무엇이 옳고 그른지 가르치기 위해 체벌을 해야 한다고 하지만 다른 사람들은 체벌이 아이들에게 아무런 도움이 되지 못한다고 말한다. 당신은 어떤 의견을 선호하며 그 이유는 무엇인가?

PREPARATION TIME
00 : 00 : 15

RESPONSE TIME
00 : 00 : 45

Note-Taking

YES for spanking: useful tool for teaching children

1. right and wrong
   – not punished → x know difference b/w the two

2. behavior
   – break rules

예시 답변

 QT01_1A

I think spanking is a useful tool for teaching a child right and wrong. **First**, it sets boundaries for what is and what is not acceptable. **For example**, we know that taking something that is not ours is wrong. If a child does this and is not punished, he will think that the behavior is alright. **Second**, spanking deters bad behavior. **To be specific**, when rules are clearly made known, the child understands that if he breaks them, he will be punished by spanking. Since he does not want to be spanked, he does not break the rules. **For these reasons**, I think spanking is useful.

나는 **아이를 체벌하는 것이** 아이에게 옳고 그름을 가르치는 **유용한 방법이라고 생각한다**. **첫째로**, 체벌은 무엇이 허용되고 허용되지 않는지의 경계를 정해준다. **예를 들어**, 우리는 자기 물건이 아닌 것을 가져가는 것은 그릇된 행동이라는 것을 안다. 만약 아이가 이런 일을 했을 때 벌을 받지 않는다면, 그 아이는 이 행동이 괜찮다고 생각할 것이다. **둘째로**, 체벌은 나쁜 행동을 막는다. **구체적으로**, 규범을 확실히 정하면 아이는 이를 어겼을 경우 체벌을 통해 벌을 받을 것이라는 것을 이해한다. 처벌을 받고 싶지 않기에 아이는 규칙을 어기지 않는다. **이런 이유로**, 나는 체벌이 도움이 된다고 생각한다.

Sample Question 2

 QT01_2Q

TOEFL **Speaking**　　　　　　　　　　　　　　　　　　　　　　VOLUME

Question 1 of 4

Ratings for TV programs should be updated for children since what was acceptable has changed over the years. Do you agree or disagree?

용인되던 것들이 시간이 흐름에 따라 바뀌었기에 아이들을 위해 텔레비전 프로그램의 등급은 새로 갱신되어야만 한다. 당신은 이 의견에 동의하는가 아니면 동의하지 않는가?

PREPARATION TIME

00 : 00 : 15

RESPONSE TIME

00 : 00 : 45

PART 01
Question Types

Note-Taking

TV ratings should NOT be updated

1. society more violent
   – dramas filled with violence

2. language
   – warnings allow us to avoid programs with profanities

예시 답변

QT01_2A

I do not believe that our current TV ratings system should be updated for children. **First**, our society has become increasingly violent, and it is reflected in TV. **To be specific**, many dramas are filled with violence. Keeping restrictions strong allows parents to have a better idea of what to let their children watch. **Moreover**, language seems to have gotten worse. **For example**, certain profanities are allowed on some programs, but warnings on those programs inform us of this so we can avoid them. **For these reasons**, I think our TV ratings system should not be updated.

나는 아이들을 위해 현재의 텔레비전 등급 시스템이 갱신되어야 한다고 **생각하지 않는다**. **첫 번째로**, 우리 사회는 점점 더 폭력적이 되었고 그것은 텔레비전에 반영되고 있다. **구체적으로 말해**, 많은 드라마들이 폭력으로 가득 차 있다. 규제를 강하게 유지하면 부모들은 아이들에게 무엇을 보도록 해야 할지 더 잘 알 수 있다. **게다가**, 언어 역시 더 심각해진 것 같다. **예를 들어**, 특정한 비속어는 몇몇 프로그램에서 용인되지만, 이런 프로그램들에 대한 경고가 이런 사실을 알려주면 우리는 그런 프로그램을 피할 수 있다. **이런 이유로**, 나는 텔레비전 등급 시스템이 갱신되지 않아야 한다고 생각한다.

TOEFL Speaking에서 자주 사용하는 핵심 표현들

1. 자신의 의견 말하기

- 나는 ~라고 생각한다 / ~라고 할 수 있다　　　　I think / believe / guess (that) ~

  I guess my favorite place is the public library near my house.
  내가 가장 좋아하는 장소는 우리 집 근처의 도서관이라고 할 수 있다.

- 내 생각에는　　　　　　　　　　　　　　in my opinion

  In my opinion, a friend should be loyal and understanding.
  내 생각에, 친구는 의리가 있고 이해심이 있어야 한다.

- 내가 아는 한, 내 입장에서는　　　　　　　as far as I'm concerned

  As far as I'm concerned, there are two qualities that a leader really needs.
  내가 아는 한, 리더가 반드시 갖춰야 할 특징이 두 가지 있다.

- ~라고 할 수 있다　　　　　　　　　　　I'd have to say that ~

  I'd have to say that my favorite movie genre is romantic comedy.
  내가 가장 좋아하는 영화 장르는 로맨틱 코미디라고 할 수 있다.

- (내게는) ~한 것으로 보인다 / 생각된다　　　it seems (to me) that ~

  It seems to me that television has destroyed communication among friends and family.
  내게는 TV가 친구들 간의 대화와 가족 간의 대화를 없앤 것으로 보인다.

Independent Task: Choice/Preference

- 내가 보기에는   **from my perspective**

From my perspective, intelligence is the most important characteristic that a person can have to be successful in life.

내가 보기에, 사람이 인생에서 성공하기 위해 가질 수 있는 가장 중요한 요소는 지능인 것 같다.

- 내 입장에서 봤을 때   **from my point of view**

From my point of view, taking one long vacation each year is ideal because it gives me enough time to do all the fun things I want to do.

내 입장에서 봤을 때, 내가 하고 싶은 모든 재미있는 일들을 할 시간이 충분히 주어지기 때문에 매년 한 번의 긴 휴가를 갖는 것이 이상적이다.

- 개인적인 의견을 말하면, 나로서는   **personally**

Personally, I would rather go to university in a big city.

개인적으로 나는 대도시에 있는 대학에 가겠다.

- 내 경우에는   **as for me**

As for me, doing my own cooking is much more enjoyable because I can save money and I can make my food just the way I like it.

내 경우에는, 돈도 절약할 수 있고 내가 원하는 방식대로 음식을 만들 수 있기 때문에 직접 요리를 하는 것이 훨씬 더 즐겁다.

2. 이유 말하기

- ~(하기) 때문에　　　　　　　　　　　　**because**

    I like to ride my bicycle when I have some free time because it helps me to relax.
    휴식을 취하는 데 도움이 되기 때문에 나는 시간이 날 때 자전거 타는 것을 즐긴다.

- ~때문에, ~이므로　　　　　　　　　　　**since**

    Since it is summer in New Zealand now, I would like to go on vacation there.
    지금 뉴질랜드는 여름이기 때문에 나는 그곳으로 휴가를 가고 싶다.

- ~(하기) 때문이다　　　　　　　　　　　**that's because ~**

    That's because parents need to make all of the decisions about their children until they grow up.
    왜냐하면 부모들은 아이들이 자랄 때까지 아이들에 대한 모든 결정을 내려줄 필요가 있기 때문이다.

- …하는 이유는[한 가지 이유는] ~때문이다　　**the reason [one reason] (…) is that ~**

    One reason I like motorcycles is that they give me the freedom to go wherever I want.
    내가 오토바이를 좋아하는 한 가지 이유는 내가 원하는 곳이 어디든 자유롭게 갈 수 있게 해 주기 때문이다.

3. 이유 추가하기

- 또한, 뿐만 아니라　　　　　　　　also / additionally / in addition

  Also, he taught me many things that I use all the time.

  또한, 그는 내가 항상 사용하는 많은 것들을 가르쳐 주었다.

- 게다가, 더욱이　　　　　　　　　moreover

  Moreover, I can read many books.

  게다가, 책도 많이 읽을 수 있다.

- 둘째로　　　　　　　　　　　　secondly

  Secondly, choosing my major has a big effect on my future.

  둘째로, 전공 선택은 내 미래에 큰 영향을 미친다.

- 또 다른 이유는 ~이다　　　　　another reason is that ~

  Another reason is that there are lots of resources close by.

  또 다른 이유는 가까운 곳에 많은 자료가 있다는 것이다.

4. 자신이 선호하는 의견 말하기

- ### 나는 ~하는 것이 더 낫다고 생각한다   I think it is better to V

  I think it is better to study in a group so that you can learn more about the topic from other people.

  다른 사람들로부터 주제에 대해 더 많이 배울 수 있기 때문에 나는 그룹으로 공부하는 것이 더 낫다고 생각한다.

- ### 나는 ~가 더 낫다고 / 좋다고 생각한다   I think ~ is better

  I think eating out is better because I like to try different types of food.

  나는 다양한 음식을 먹어보는 것을 즐기기 때문에 외식하는 것이 더 좋다고 생각한다.

- ### 나는 …가 ~해야 한다고 생각한다   I think … should ~

  I think students should not be forced to wear a uniform because it stifles their creativity.

  나는 교복이 학생들의 창의력을 저해하기 때문에 학생들에게 교복을 입도록 강요해서는 안 된다고 생각한다.

- ### 나는 ~(하는) 쪽이 더 좋다   I prefer to V / V-ing

  I prefer to eat/eating at home so I can watch TV and relax at the same time.

  TV를 보는 동시에 휴식을 취할 수 있기 때문에 나는 집에서 먹는 것이 더 좋다.

- ### 나는 ~가 더 좋다   I like ~ better

  I like living in a big city much better because there is always something to do, so I am never bored.

  항상 무언가 할 일이 있어서 결코 지루하지 않기 때문에 나는 대도시에서 사는 것이 훨씬 더 좋다.

- ~가 더 효과적이다   **~ is more effective**

  Studying by myself is more effective because studying in a group takes longer to go over the same material.

  그룹으로 공부를 하면 같은 내용을 검토하는 데 시간이 더 걸리기 때문에 나 혼자서 공부하는 것이 더 효과적이다.

- …가 ~보다 낫다   **… is better than ~**

  Meeting with a tutor face to face is better than getting tutoring online.

  얼굴을 마주하고 수업을 하는 것이 온라인으로 수업을 받는 것보다 낫다.

- 나는 ~하느니 차라리 …하겠다   **I would rather … than ~**

  I would rather live in a big city than in the country.

  나는 시골에 사느니 차라리 대도시에 살겠다.

5. 찬성/반대 의견 나타내기

- 나는 ~(라는 의견)에 찬성/동의한다   I agree (with the opinion) that ~

  I agree with the opinion that parents are the best teachers.

  나는 부모가 가장 좋은 선생님이라는 의견에 동의한다.

- 나는 ~(라는 의견)에 반대한다/동의하지 않는다   I disagree (with the opinion) that ~

  I disagree with the opinion that progress is always good.

  나는 진보가 항상 좋다는 의견에 동의하지 않는다.

- 나는 ~라고 생각하지 않는다   I don't think that ~

  I don't think that schools should ask students to evaluate their teachers.

  나는 학교가 학생들에게 교사를 평가하도록 해야 한다고 생각하지 않는다.

6. 예를 들어 설명하기

- 예를 들어, 예를 들자면   **for example / for instance / to demonstrate**

For example, if I eat out every day, I will waste a lot of money.
예를 들어, 매일 외식을 하면 많은 돈을 낭비하게 될 것이다.

For instance, by living in a small city, my life will be less stressful.
예를 들어, 작은 도시에 살면 내 삶은 스트레스가 덜할 것 같다.

To demonstrate, he made a song to help us memorize difficult historical facts.
예를 들면, 그는 우리가 어려운 역사적 사실을 암기하는 데 도움이 되도록 노래를 만들어 주었다.

- ～와 같은   **such as**

High-rise apartments, such as the one I'm living in now, usually have their own tennis courts and swimming pools.
내가 지금 살고 있는 것과 같은 고층 아파트에는 보통 테니스장과 수영장이 있다.

02 Integrated Task: Campus-Related

◎ 대학교 생활에서 일어날 수 있는 문제나 상황에 대한 통합형 과제(Integrated Task)로, 공지나 제안서 등의 짧은 지문을 먼저 읽은 후 두 화자가 나누는 대화를 듣고 주어진 질문에 답하는 문제다.

◎ 지문은 보통 교내 상황의 변화에 대한 내용이 주를 이룬다. 예를 들어, 수업, 학교 시설, 교내 활동에 관련된 공지, 혹은 교내 신문이나 잡지에 실린 편지나 제안 등이다.

◎ 지문을 읽은 후, 두 화자가 지문에서 소개된 정책에 관해 나누는 대화를 듣는다. 그런 다음 지문과 대화에서 다룬 이슈에 대한 화자의 의견과 그렇게 생각하는 이유를 요약하여 답변한다.

◎ 준비 시간은 30초이며, 답변 시간은 60초이다.

📖 자주 출제되는 주제

- **건물(buildings) 관련:** 공사(construction), 폐쇄(closure)

- **강좌(courses) 관련:** 새로 개설되는 강좌(new course), 폐강(course cancellation), 강사 변경(changing instructors), 강의 장소 변경(changing locations), 새로운 필수 요건(new requirements)

- **정책(policies) 관련:** 새로운 정책(new policies), 정책 변경 사항(changes in policy)

- **직원(personnel) 관련:** 새로운 직원(new staff), 은퇴(retirements), 파업(strikes)

- **서비스/시설(services/facilities) 관련:** 스포츠 시설(sports facilities), 음식 서비스(food services), 실험실 (labs), 주거(housing)

💡 문제 풀이 전략

- 지문을 읽으면서 내용을 정리하고, 대화를 들은 뒤 다시 내용을 정리해서 두 내용이 서로 겹치는 부분부터 시작하여 정리한 내용을 통합한다.

- 두 화자의 의견 중 가장 중요한 것은 좀 더 강하게 의견을 제시하는 화자이다. 좀 더 일관되고 강한 의견을 펼치는 화자가 중심 화자로, 지문에 대해 찬성 혹은 반대를 하며 그 이유를 말하게 된다. 중심 화자의 의견과 그 이유에 대한 질문이 나오므로 이를 확실히 기억해야 한다.

- 100~120단어, 혹은 6~8문장 정도의 답변이 알맞다.

STEP 1 지문과 대화의 요점을 각각 메모한다.

Reading Passage>>

Reading Time: 45 seconds

Move Choir Practice Location

As a former member of the choir, I think that the practice sessions for the university's choir team should be held in the Student Theater Building instead of Keane Hall. This change of venue would really help choir students practice since they could take advantage of a state-of-the-art facility that has an excellent sound system. And since the Student Theater Building also has an interior design that is conducive to projecting sound from the stage to the audience, every note can be clearly heard. Moreover, being familiar with the venue that they will be performing in will be beneficial to choir members, too.

합창 연습 장소 이동

전 합창단원으로서, 저는 대학 합창단의 연습 세션이 킨 홀 대신에 학생 극장 빌딩에서 이루어져야 한다고 생각합니다. 이러한 장소의 변경으로 합창단 학생들이 훌륭한 음향 시스템을 갖추고 있는 최첨단 시설을 이용할 수 있게 되므로 그들의 연습에 정말로 도움이 될 것입니다. 그리고 학생 극장 빌딩의 내부는 무대에서 객석으로 소리를 보내기 좋게 설계되어 있어 모든 음이 명확하게 들릴 수 있습니다. 게다가, 그들이 공연하게 될 장소에 친숙해지는 것은 합창단원들에게 이로울 것입니다.

Note-Taking

- choir practice should be moved to Student Theater Bldg

- reasons: excellent sound system / better interior design / familiarity of the venue

🎧 QT02_EX

M Did you read the student's suggestion about moving choir practice to the Student Theater instead of Keane Hall?

W Uh-huh. But I can't say that I agree. Keane Hall is in the middle of campus. The centralized location is more convenient for students. However, the Student Theater Building is on the far eastern side of campus, which makes getting to it a chore. Even the campus bus only makes two stops there an hour. And besides that, Keane Hall has a nice sound system. No one has complained about it, or that practicing there has affected their ability to sing live.

M Yeah, I agree, but the Student Theater Building is designed for the performing arts. Its sound system and acoustics would be better for the choir.

W I still don't see any reason why the location should change. I'm sure many students will complain, especially the ones who have classes on the western side of campus. I bet that the distance will make more than a few of them late for choir class.

M I guess you are right... maybe it will cause more problems than it solves.

남 합창 연습 장소를 킨 홀 대신에 학생 극장으로 옮기자는 학생의 제안 읽었어?

여 응. 그렇지만 동의한다고 할 수는 없어. 킨 홀은 캠퍼스의 중심에 있잖아. 중심에 있는 장소가 학생들에게 더 편해. 하지만, 학생 극장 빌딩은 캠퍼스의 동쪽 끝에 있어서 거기까지 가는 게 번거로워. 교내 버스도 그쪽으로는 한 시간에 두 번밖에 가지 않아. 그뿐만 아니라, 킨 홀은 음향 시스템이 좋아. 아무도 그것에 대해 불평하지 않았고, 그곳에서 연습하는 게 라이브 노래 실력에 영향을 준다고 불평하지도 않았어.

남 맞아, 나도 동의해. 하지만 학생 극장 빌딩은 공연예술을 위해 설계되었잖아. 그곳의 음향 시스템과 시설이 합창단에게 더 좋을 수도 있어.

여 난 여전히 연습 장소가 바뀌어야 하는 이유를 잘 모르겠어. 많은 학생들이 불평할 거야. 특히 캠퍼스의 서쪽에서 수업이 있는 학생들이 말이야. 거리 때문에 적잖은 학생들이 합창 수업에 지각할 게 틀림없어.

남 네 말이 맞는 것 같아… 아마도 문제를 해결하기보다 더 많은 문제를 만들지도 몰라.

Note-Taking

- woman disagrees

- reasons: Keane Hall has better location / Keane Hall's sound system is good

Question>>

🎧 QT02_EX

The woman expresses her opinion about the change of classroom location. State her opinion and explain the reasons she gives for holding that opinion.

여자는 수업 장소 변경에 대해 자신의 의견을 표현하고 있다. 그녀의 의견이 무엇이며 그렇게 생각하는 이유가 무엇인지 설명하시오.

STEP 2 지문과 대화의 요점을 취합한다.

Reading Note

- choir practice should be moved to S.T. Bldg
- excellent sound system, better interior design, familiarity of the venue

Listening Note

- woman disagrees
- K.H. has better location
- K.H. sound system is good

Integrated Summary

- move choir practice to S.T. Bldg from K.H. / woman disagrees
- S.T. has better facility & sound system, BUT K.H. location is better. If moved, people will be late
- K.H. sound system is good: nobody complained about it

STEP 3 지문의 요점을 간단히 정리한 후 대화 속 화자의 의견을 밝히는 것으로 답변을 시작한다.

◉ 주제문(Topic Sentence)에서 자주 쓰이는 표현

- **According to the notice / suggestion**
  공지/제안문에 따르면

- **The man / woman disagrees / agrees with ~ for the following reasons**
  남자는/여자는 다음과 같은 이유로 ∼에 동의하지 않는다/동의한다

- **The man / woman thinks it's a good / bad idea**
  남자는/여자는 그것이 좋은/나쁜 아이디어라고 생각한다

- **The man / woman supports ~**
  남자는/여자는 ∼를 지지한다

예시 답변   QT02_EX

According to the suggestion, choir practice should be moved from Keane Hall to the Student Theater. **The woman disagrees with** this opinion for a couple of reasons.

제안에 따르면, 합창 연습은 킨 홀에서 학생 극장으로 옮겨져야 한다. 여자는 몇 가지 이유로 이 의견에 동의하지 않는다.

예시 답변 QT02_EX

She first mentions that Keane Hall has a central location that is equally accessible to students from any place on campus. **However**, the Student Theater Building is on the eastern side of campus and it will be difficult for choir students on the western side of campus to be on time for practice. **Second**, she mentions that Keane Hall has a good sound system and that it has not had any effect on the choir's ability to sing in a live show in the past.

그녀는 우선 킨 홀이 중심에 위치해 학생들이 캠퍼스의 어느 장소에 있든 똑같이 접근할 수 있다고 **말한다**. 하지만, 학생 극장 빌딩은 캠퍼스의 동쪽에 있어 캠퍼스의 서쪽에 있는 학생들이 연습에 제시간에 오기 어려울 것이다. **둘째로,** 그녀는 킨 홀이 좋은 음향 시스템을 갖고 있고, 지금까지 라이브 공연에서 합창단의 노래 실력에 어떠한 영향을 미친 적도 없었다고 말한다.

Sample Question 1

TOEFL **Speaking**

VOLUME

Question 2 of 4

Reading Time: 45 seconds

Unisex Bathrooms

Beginning next semester, all residential dorms will have unisex bathrooms in the first floor lobbies and in dining halls. The unisex bathrooms will be clearly marked with icons of both a man and a woman. The university believes that the shared facilities will lead to cleaner facilities for all to use. The university is also counting on all students to act maturely and to be respectful of the privacy of other students. For added safety, the entrances to the restrooms will be monitored by security cameras. The bathrooms and showers on the residential floors, however, will remain separated.

남녀 공용 화장실

다음 학기부터 모든 기숙사의 1층 로비와 식당에 남녀 공용 화장실이 설치될 예정입니다. 남녀 공용 화장실에는 남성과 여성의 그림이 함께 분명하게 표시될 것입니다. 학교는 함께 공유하는 화장실이 모두가 사용하기에 더 깨끗한 시설이 되리라고 믿습니다. 학교에서는 또한 모든 학생들이 성숙하게 행동하고 다른 학생들의 사생활을 존중할 것이라고 믿습니다. 추가적인 안전을 위하여 화장실 출입구는 방범 카메라를 통해 모니터링될 예정입니다. 그러나 기숙사의 다른 층에 있는 화장실과 샤워실은 분리된 채로 유지될 것입니다.

 QT02_1Q

TOEFL **Speaking**

VOLUME

Question 2 of 4

Listening Script>>

M Did you hear the latest announcement, the one about unisex bathrooms in the dorms?

W Of course, but I'm not happy about it.

M What's the big deal?

W Having unisex bathrooms will be unsafe. I mean, it's OK for guys, but women are not going to want to share a bathroom with a strange man. It would be just too uncomfortable. You never know what could happen if only a woman and a man are in there together.

M I understand your apprehension, but there are going to be cameras for safety.

W Well, cameras or not, it won't make me feel safe. Plus, unisex bathrooms do not provide privacy. Women like to have their own space free from the judging eyes of men to freshen up. What's more, we need that privacy to fix our clothes. It's so much easier to do that around other women instead of some guy that you've never seen before. This is just an invasion of our privacy.

M Wow, you seem pretty adamant about this. I guess I just never saw it through a woman's eyes.

남 최근 공지 들었어? 기숙사의 남녀 공용 화장실에 대한 소식 말이야.

여 물론이지, 하지만 난 별로 좋지 않아.

남 문제가 뭔데?

여 남녀 공용 화장실은 안전하지 못할 거야. 내 말은, 남자들은 괜찮더라도 여자들은 모르는 남자와 함께 화장실을 쓰고 싶지 않을 거라고. 정말 너무 불편할 거야. 남자와 여자 둘만 그 안에 있으면 무슨 일이 일어날지 모르는 거잖아.

남 너의 걱정은 이해하지만, 안전을 위해 카메라가 있잖아.

여 뭐, 카메라든 뭐든, 난 안전하다고 느낄 수 없을 거야. 게다가 남녀 공용 화장실에서는 사생활이 주어지지 않아. 여자들은 남자들의 판단하는 시선에서 벗어나 몸단장을 할 수 있는 그들만의 공간이 필요해. 더욱이, 옷을 고쳐 입기 위해서도 사생활이 필요해. 한 번도 본 적 없는 남자보다는 다른 여자들 옆에서 옷을 고쳐 입는 게 훨씬 더 쉽잖아. 이건 정말 사생활 침해라고.

남 와, 이 문제에 대해 정말 생각이 확고하구나. 아무래도 내가 이 문제를 여성의 시각으로 보지 않았던 것 같아.

Note-Taking

- unisex bathrooms in dorms (lobby, dining hall) / woman disagrees

- even with cameras outside, never know what would happen inside

- women uncomfortable to fix clothes in front of men

TOEFL **Speaking**

VOLUME

Question 2 of 4

The woman expresses her opinion about unisex bathrooms in the lobby and dining halls. State her opinion and explain the reasons why she feels that way.

여자는 로비와 식당의 남녀 공용 화장실에 대한 자신의 의견을 표현하고 있다. 그녀의 의견이 무엇이며 그렇게 생각하는 이유가 무엇인지 설명하시오.

PREPARATION TIME
00 : 00 : 30

RESPONSE TIME
00 : 00 : 60

예시 답변

 QT02_1A

According to the notice, the university is going to have unisex bathrooms on the lobby floor of all dorms. The woman is not happy about this decision for a couple of reasons. In the first place, she believes that unisex bathrooms are not safe for women. Despite cameras outside the door, there is no way to monitor what happens inside. In addition, she states that women need privacy while in the bathroom. With men using the same facility, women will feel uncomfortable adjusting their clothes and appearance in front of them. For these reasons, she is not happy with the decision.

공지에 의하면, 대학 측에서는 모든 기숙사의 로비층에 남녀 공용 화장실을 설치할 계획이다. 여자는 몇 가지 이유로 이를 반기지 않는다. 먼저, 그녀는 남녀 공용 화장실이 여자들에게 안전하지 못하다고 생각한다. 문 밖에 카메라가 있다 해도, 화장실 안에서 어떤 일이 일어나는지 감시할 방법이 전혀 없는 것이다. 게다가, 그녀는 여자들이 화장실 안에 있는 동안 사생활이 필요하다고 말한다. 남자들이 같은 화장실을 사용하면, 여자들은 그 앞에서 옷을 고쳐 입거나 단장을 하는 데 있어 불편함을 느낄 것이다. 이런 이유로, 그녀는 이 결정을 좋아하지 않는다.

Sample Question 2

Reading Time: 45 seconds

Library's Extended Hours

To all students, please note that the hours of the campus's main library will be extended during finals week. Closing time during the week will be changed from 10 P.M. to 1 A.M. On weekends, the time will be extended from 8 P.M. to 1 A.M. The decision to extend library hours is based upon the needs of students who require the facility and its resources to help them prepare for exams late into the night. At the conclusion of finals week, the library will return to its standard operating hours. The university hopes that the extended hours will give students ample opportunity to prepare for exams.

도서관 운영 시간 연장

모든 학생 여러분, 기말고사 기간에는 캠퍼스의 중앙 도서관 운영 시간이 연장될 것임을 알려 드립니다. 주중에는 폐관 시간이 저녁 10시에서 새벽 1시로 연장될 것입니다. 주말에는 저녁 8시에서 새벽 1시로 연장될 것입니다. 도서관 운영 시간 연장은 밤늦게까지 시험 준비를 하는 학생들이 도서관과 도서관 자료의 도움을 필요로 하기에 결정되었습니다. 기말고사 기간이 끝나면 도서관은 예전의 운영 시간으로 돌아갈 것입니다. 학교는 도서관 운영 시간 연장이 학생 여러분이 시험을 준비하는 데 있어 충분한 기회를 주게 되기를 바랍니다.

 QT02_2Q

Listening Script>>

W I think it's a great idea that the library is having extended hours for finals week. Now, students who need the extra time to prepare will have it.

M Well, not all of them.

W What do you mean?

M What about the students who have to work in the library until 1 A.M.? I mean, they need time to study too, right? If they have to work longer hours to accommodate other students, they are sacrificing their own study time.

W Well, you do make a good point, but the students work in shifts. That ensures that everyone has enough time to study.

M Yeah, but what about when a student just cannot make it to their shift? Most students are going to choose studying over working the majority of the time. That would mean that someone either has to work a double shift or that someone has to come in to work on their day off.

W Hmm... I never looked at it that way. Maybe this isn't as good for everyone as I thought.

M You got that right.

여 기말고사 기간에 도서관 운영 시간을 연장하는 건 정말 좋은 생각 같아. 이제 시험 준비를 위해 시간이 더 필요한 학생들은 시간을 더 갖게 될 거야.

남 음, 모두 그런 건 아니야.

여 무슨 말이야?

남 새벽 1시까지 도서관에서 일해야 하는 학생들은 어떡해? 내 말은, 그들 역시 공부할 시간이 필요하잖아, 그렇지 않아? 다른 학생들을 위해 더 오래 일해야 한다면, 그들은 자기 공부 시간을 희생하는 거라고.

여 음, 네 말에도 일리가 있지만 학생들은 교대로 일을 해. 이로 인해 모두가 충분한 공부 시간을 가질 수 있어.

남 그래, 하지만 학생이 자기가 일하는 시간에 못 나오면 어떻게 해? 대부분의 학생들은 거의 모든 시간에 일하는 대신에 공부하는 걸 선택할 거야. 이 말은 다른 누군가가 일을 두 배로 해야 하거나 자신이 쉬는 날에도 나와서 일해야 한다는 말이잖아.

여 흠… 그런 식으로 생각해 본 적이 없어. 아마 내가 생각했던 것처럼 모두에게 좋은 일은 아닐지도 모르겠다.

남 그 말이 맞아.

Note-Taking

- lib hr extended for finals wk / man disagrees: x use for those working at lib

- students can stay late → study more

- less time for them to study due to late night work

- some prefer studying > working → others have to cover for them

The man expresses his opinion about the change in library hours. State his opinion and explain the reasons why he feels that way.

남자는 도서관 운영 시간 변경에 대한 자신의 의견을 표현하고 있다. 그의 의견이 무엇이며 그렇게 생각하는 이유가 무엇인지 설명하시오.

PREPARATION TIME

00 : 00 : 30

RESPONSE TIME

00 : 00 : 60

예시 답변 QT02_2A

According to the notice, the university will extend the library's hours during finals week. The man thinks that the change in library hours will cause two major problems. First, he says that students working in the library will have less time to study. This is because they will have to work more hours compared to the past. Second, he points out that some students may not make it to work because they must study for exams. If this occurs, other students have to make up for that time. Or another student would have to work on their day off.

공지에 의하면, 대학에서는 기말고사 기간 동안 도서관 운영 시간을 연장할 예정이다. 남자는 도서관 운영 시간 변경이 두 가지 주된 문제를 초래할 것이라고 생각한다. 첫째로, 그는 도서관에서 일하는 학생들이 공부할 시간이 더 적어질 것이라고 말한다. 왜냐하면 예전에 비해 더 오래 일해야 할 것이기 때문이다. 두 번째로, 그는 어떤 학생들은 시험 공부를 해야 하기 때문에 일을 하지 못할 수도 있다고 지적한다. 만약 이런 일이 생기면, 다른 학생들이 그 시간의 일을 대신해야만 한다. 혹은 다른 학생이 일이 없는 날 나와서 일을 해야 할 수도 있다.

PAGODA TOEFL

Actual Test

SPEAKING

TOEFL Speaking에서 자주 사용하는 핵심 표현들

1. 다른 사람의 찬성/반대 의견에 대해 말하기

- **~에 찬성하다/동의하다**   **agree with ~ / be for ~**

  The woman agrees with the university's proposal.
  = The woman is for the university's proposal.
  여자는 대학교 측의 제안에 동의한다.

- **~가 좋은 의견이라고 생각하다**   **think (that) ~ is a good idea**

  The woman thinks that installing security cameras on campus is a good idea.
  여자는 캠퍼스 내에 방범 카메라를 설치하는 것이 좋은 의견이라고 생각한다.

- **~하는 것이 좋은 의견이라고 생각하다**   **think it is a good idea to V**

  The woman thinks it is a good idea to make a new bus route.
  여자는 새로운 버스 노선을 만드는 것이 좋은 의견이라고 생각한다.

- **~에 동의하지 않다**   **disagree with ~**

  The man disagrees with the university's proposal.
  남자는 대학교 측의 제안에 동의하지 않는다.

- **~에 대해 불평하다**   **complain about ~**

  The man complains about the new smoking ban.
  남자는 새로운 흡연 금지 정책에 대해 불평한다.

- ~에 반대하다
  be opposed to N[V-ing] /
  be against ~

The man is opposed to making a new bus route.
= The man is against making a new bus route.
남자는 새로운 버스 노선을 만드는 것에 반대한다.

- ~가 안 좋은 의견이라고 생각하다
  think (that) ~ is a bad idea

The man thinks that remodelling the recreation center is a bad idea.
남자는 레크리에이션 센터를 개조하는 것이 안 좋은 의견이라고 생각한다.

- ~하는 것이 안 좋은 의견이라고 생각하다
  think it is a bad idea to V

The woman thinks it is a bad idea to hire more people.
여자는 더 많은 사람들을 고용하는 것이 안 좋은 의견이라고 생각한다.

2. 다른 사람의 주장에 대해 말하기

- ~라고 주장하다
  argue / hold / claim that ~

The man argues that the gym needs to be renovated.
남자는 체육관을 보수해야 한다고 주장한다.

The woman holds that the new bus route will not benefit that many students.
여자는 새로운 버스 노선이 그렇게 많은 학생들에게 혜택을 주지는 않을 것이라고 주장한다.

The woman claims that the new bus passes will help solve the problem of limited parking space on campus.
여자는 새로운 버스 승차권이 캠퍼스 내 주차 공간 부족 문제를 해결하는 데 도움이 될 것이라고 주장한다.

3. 이유 나열하기

- **첫째로, 첫 번째로**   **first / first of all**

  First of all, the bus route would cause more noise and pollution.
  첫째로, 버스 노선은 더 많은 소음과 공해를 야기할 것이다.

- **한 가지 이유는 ～이다**   **one reason is that ~**

  One reason is that most students know how to fix minor problems but need help with big technical problems.
  한 가지 이유는 대부분의 학생들이 사소한 문제를 해결하는 법은 알고 있지만 큰 기술적인 문제에 있어서는 도움을 필요로 하기 때문이다.

- **또한, 뿐만 아니라**   **also / additionally / in addition**

  Also, she doesn't think the new bus route will be very beneficial to students.
  또한, 그녀는 새로운 버스 노선이 학생들에게 그다지 도움이 될 것이라고 생각하지 않는다.

  In addition, he thinks that it will be very hard to park in the other parking lots.
  뿐만 아니라, 그는 다른 주차장에 주차하기가 굉장히 어려울 것이라 생각한다.

- **게다가, 더욱이**   **moreover**

  Moreover, she thinks that it will help them to improve their own writing abilities.
  더욱이 그녀는 그것이 학생들의 작문 실력을 향상하는 데 도움이 될 거라고 생각한다.

- **둘째로**   **secondly**

  Secondly, she believes that talking to a professor is a better way to improve language abilities.

  둘째로. 그녀는 교수와 이야기하는 것이 어학 실력을 향상하는 더 좋은 방법이라고 생각한다.

- **또 다른 이유는 ~이다**   **another reason is that~**

  Another reason is that he thinks spending the budget on this is wrong.

  또 다른 이유는 그가 예산을 여기에 쓰는 것이 잘못된 일이라고 생각하기 때문이다.

4. 결론 말하기

- **그러므로**   **so**

  So, she opposes the university's plan.

  그러므로 그녀는 대학교 측의 계획에 반대한다.

- **그렇기 때문에**   **therefore**

  Therefore, he is against the new policy.

  그렇기 때문에. 그는 새 정책에 반대한다.

- **이와 같은 이유들로**   **for these reasons**

  For these reasons, he is opposed to the plan to hire non-Computer Science majors.

  이런 이유들로. 그는 컴퓨터공학 전공자가 아닌 사람들을 고용하는 계획에 반대한다.

03 Integrated Task: Academic Lecture I

- 대학 강의에 나올 만한 주제에 관한 지문을 읽고 강의를 들은 후 그 내용을 바탕으로 제시되는 질문에 답하는 통합형 과제(Integrated Task) 유형이다. 주로 나오는 강의 주제는 생물, 경제, 심리, 미술, 사회, 역사 등의 분야이다.

- 강의 관련 지문을 읽을 시간은 분량에 따라 45초 혹은 50초가 주어진다. 지문을 읽은 뒤 이에 대한 교수의 설명 강의를 듣게 되며, 강의는 보통 60초에서 90초 동안 이어진다.

- 강의의 주제와 주제에 대한 예시 두 개를 설명할 것을 요구하는 질문을 받게 된다.

- 준비 시간은 30초이며, 답변 시간은 60초이다.

📖 자주 출제되는 주제

- **프레이밍 효과(framing effect):** 말하는 사람의 관점에 따라 같은 내용이라도 듣는 이의 선택이 달라지게 되는 현상

- **방위 행동(protective behavior):** 동물이 적으로부터 자신을 보호하기 위해 이빨, 뿔, 발톱 등을 써서 싸우거나, 죽은 시늉을 하거나, 몸의 일부를 끊고 도망치는 등의 행동

- **밴드웨건 효과(bandwagon effect):** 어떤 것이 대중적으로 유행하고 있다는 정보로 인하여 다른 이들이 이를 따르게 되는 현상

- **코쿠닝(cocooning):** 누에고치(cocoon)에서 온 말로, 현대 세대가 위험한 외부 세상과의 단절을 추구하여 집이나 교회 등 안전한 장소로 피하는 현상

💡 문제 풀이 전략

- 먼저 1차로 지문을 읽으면서 내용을 정리하고, 강의를 듣고 다시 2차로 내용을 정리한 다음, 두 내용이 서로 겹치는 부분부터 시작하여 정리한 내용들을 통합한다. 지문은 일반적으로 강의 주제를 개략적으로 담고 있는 반면 강의는 그 주제에 관련된 구체적인 예시를 담고 있는 경우가 많으므로, 이 사실을 염두에 두면 지문과 강의가 서로 어떻게 연관되어 있는지 쉽게 알 수 있다.

- 지문에서 제시된 주제를 간단히 요약해 말한 뒤, 두 가지 예시를 들고, 그 예시가 강의와 어떻게 관련되었는지의 순서로 답변을 제시한다.

- 100~120단어, 혹은 6~8문장 정도의 답변이 알맞다.

- **주의** 지문의 제목은 별 생각 없이 쉽게 지나칠 수 있는 요소이지만, 강의를 듣기 전에 앞으로 설명될 예시를 짐작할 수 있기 때문에 주의 깊게 보아야 한다.

STEP 1   지문과 강의의 요점을 각각 메모한다.

Reading Passage>>

Reading Time: 45 seconds

Prostheses

Prostheses have allowed individuals to fully function in life's daily routines on several advanced levels. There are four main types of prostheses for exterior use (the transtibial, transfemoral, transradial, and transhumeral) which are attached to either the lower or upper arm or leg. They are used to give individuals a greater range of motion in day-to-day activities as well as in recreational pursuits. Complementing this external range of prosthetic limbs is a collection of devices that function inside the body. Such devices aid the functioning of the heart, sight, and hearing. In addition, common items like a set of dentures are also considered a type of prostheses.

인공 보형물

인공 보형물은 개개인이 몇 단계 앞선 수준에서 일상 생활을 충분히 해나갈 수 있게 해주었다. 팔 또는 다리 윗부분 또는 아랫부분에 붙는 체외용 인공 보형물에는 4개의 주요 유형(정강뼈경유, 넙다리뼈경유, 아래팔뼈경유, 위팔뼈경유)이 있다. 그것들은 개개인의 오락적 활동은 물론 매일매일의 활동에서 움직임의 범위를 넓혀주는 데 사용된다. 이런 의수족의 외부 범위를 보완하는 것은 몸 안에서 기능하는 기구들의 집합이다. 그러한 기구들은 심장, 시각, 청각의 기능을 돕는다. 또한, 틀니와 같은 흔한 물건도 인공 보형물의 한 종류로 여겨진다.

Note-Taking

Prostheses

- help ppl externally & internally

- substitute & complement limbs, organ, etc.

Listening Script>>

I'm certain that most of you have seen an individual using a prosthetic limb to help them get about their day. These devices are quite remarkable since they allow people to enjoy a better quality of life. Today, I would like to discuss just how they actually open up a person's world.

First, prosthetic limbs allow active people to maintain their active lifestyle. You may have seen athletes who have prosthetic limbs participating in competitions for amputees, but have you ever seen one competing against able-bodied athletes? There is a double amputee sprinter who uses state-of-the-art prostheses made of carbon fiber that permit him to compete in international competitions. These prostheses have allowed him to maintain his love of sprinting at a very high level.

Another example of an important type of prosthesis is the bionic eye. It is a form of neural prosthesis connected to nerves. Bionic eyes are still in the experimental stages, but depending upon the circumstances involving the loss of sight, they actually work. The devices that have been produced thus far have been modeled on the cochlear implant which is simply a surgically implanted electronic device. Individuals who have had the most success with this procedure are those whose optic nerve was developed prior to the onset of blindness.

여러분 대부분은 일상 생활에 도움을 받기 위해 의수족을 사용하는 사람을 본 적이 있을 것입니다. 이런 기구들은 사람들이 더 양질의 삶을 즐길 수 있도록 해준다는 점에서 꽤 주목할 만합니다. 오늘은 그것들이 실제로 어떻게 한 사람의 세계를 열어주는지에 대해 논의하고자 합니다.

첫째로, 의수족은 활동적인 사람들이 그들의 활동적인 생활 방식을 유지할 수 있게 해줍니다. 여러분은 의수족을 가진 운동선수들이 절단수술을 받은 사람들을 위한 대회에 참가하는 것을 보았을 것입니다. 그런데 신체 건강한 선수들과 경쟁하는 것을 본 적이 있습니까? 두 다리를 모두 절단한 단거리 육상 선수가 있는데, 그는 탄소 섬유로 만들어진 최첨단 의족을 이용해 국제대회에 출전할 수 있습니다. 이런 인공 보형물들은 단거리 육상 경기를 향한 그의 애정을 아주 높은 수준에서 유지할 수 있도록 했습니다.

중요한 인공 보형물 유형의 또 다른 예는 인공 망막입니다. 그것은 신경에 연결된 신경 보형물의 한 형태입니다. 인공 망막은 여전히 실험 단계에 있지만, 실명을 포함해서 상황에 따라 실제로 효과가 있습니다. 지금까지 생산된 기구들은 단순하게 외과적으로 이식된 전자 기기인 인공 와우를 모델로 했습니다. 이 시술에서 가장 성공을 이룬 사람들은 실명이 시작되기에 앞서 시신경이 발달된 사람들입니다.

Note-Taking

2 examples

- double amputee can compete

- bionic eye can restore a person's sight

Question>>

The professor describes two examples of how people can walk and see again after they lose a body part. Explain how they demonstrate prostheses.

교수는 사람들이 신체의 일부를 잃은 후 다시 걷고 볼 수 있는 방법의 두 가지 예를 설명한다. 그 예들이 인공 보형물을 어떻게 보여주는지 설명하시오.

STEP 2 | 지문과 강의의 요점을 취합한다.

Reading Note

Prostheses
- help ppl externally & internally
- substitute & complement limbs, organ, etc.

Listening Note

2 examples
- double amputee can compete
- bionic eye can restore a person's sight

Integrated Summary

Prostheses help people externally & internally
They substitute & complement limbs, organ, etc.
There are two examples of how prostheses are used to help people:
- double amputee
- bionic eye which brought positive results

STEP 3 | 지문의 요점과 강의의 관계를 도입부에 언급한다.

◐ 주제문(Topic Sentence)에서 자주 쓰이는 표현

- According to the reading   지문에 따르면
- As stated in the reading   지문에서 제시된 바와 같이
- The professor talks about…   교수는 …에 대해 말한다
- The professor gives examples to explain…   교수는 …를 설명하기 위해 예를 든다

예시 답변   🎧 QT03_EX

According to the reading, an external or internal prosthesis is a device that acts as a substitute for a limb, sense organ, or internal organ that allows natural function. **The professor offers two examples** to explain how they assist individuals.

지문에 따르면, 체외 또는 체내 인공 보형물은 팔다리, 감각 기관, 또는 생리 작용을 가능하게 하는 장기의 대체물로서 기능을 하는 기구이다. **교수는** 그것들이 개개인을 어떻게 돕는지 설명하기 위해 **두 가지 예를** 든다.

First, he describes how prosthetic limbs allow people to enjoy an active lifestyle on a very high level. He uses a sprinter as an example of how a double amputee can, with the help of a special prosthesis, compete in international competitions. **Next**, he describes how bionic eyes can restore the sight of the blind. By being surgically implanted into the eye and attached to nerves, such prostheses provided positive results.

첫째, 그는 인공 의수족이 어떻게 사람들로 하여금 매우 높은 수준에서 활동적인 생활 방식을 즐길 수 있게 해주는지를 설명한다. 그는 어떻게 두 다리를 모두 절단한 사람이 특별한 인공 보형물의 도움을 받아 국제 경기에 참가할 수 있는지를 보여주기 위해 한 단거리 육상 선수를 예로 든다. **다음으로,** 그는 어떻게 인공 망막이 시각 장애인의 시력을 회복시킬 수 있는지를 설명한다. 눈에 외과적으로 이식되고 신경에 부착됨으로써, 그런 인공 보형물들은 긍정적인 결과를 제공했다.

Sample Question 1

TOEFL **Speaking**

VOLUME

Question 3 of 4

Reading Time: 45 seconds

Internal Auditing

Internal auditing is best described as an independent consulting procedure with the goal of increasing value and improving a company's operations. Moreover, it helps companies meet their objectives by installing a systematic, disciplined approach to access and advance the effectiveness of risk management, control, and the governance process. This method is used as the mechanism for improving a company's effectiveness and efficiency by offering insight as well as recommendations based on analyses of data and business processes. With a strong commitment to honesty and responsibility, this process provides value to governing bodies as well as senior management as an unbiased source of independent advice.

내부 감사

내부 감사는 한 회사의 운영을 향상시키고 가치를 상승시키는 목적을 가진 독립적인 자문 절차라고 설명될 수 있다. 게다가, 내부 감사는 체계적이고 훈련된 접근 방법을 이용하여 회사들이 위기 관리, 통제, 그리고 관리 과정의 유효성을 이용하고 이를 향상시키려는 자사의 목적을 충족하도록 돕는다. 이 방법은 자료와 업무 처리 분석을 토대로 한 권고 사항뿐만 아니라 통찰력을 제공함으로써 회사의 유효성과 효율성을 개선하기 위한 방법으로 사용된다. 정직과 책임감에 강력하게 중점을 둔 이 절차는 독립적 자문을 편견 없이 제공할 수 있는 원천으로써 이사회뿐만 아니라 고위 관리자들에게 가치를 제공한다.

QT03_1Q

TOEFL **Speaking**

VOLUME

Question 3 of 4

Listening Script>>

All companies today face a wide array of governmental regulations and legal requirements regarding their capital. It is vital to ensure that nothing unscrupulous is happening. To measure this, internal auditing must be applied. Though there are several components to it, today I just want to look at two that make up this process.

The first one is bookkeeping. It is basically straightforward but incredibly important. As you may know, it involves making a record of the monies received by a business and the monies paid out. The task of bookkeeping can be very time-consuming. With no exceptions, every monetary amount that is paid or received must be recorded. It is virtually impossible to hide money since your balance sheet must balance. If there are any improprieties, governmental bodies will eventually discover them and penalties can be stiff.

Another component of this method is cash flow management, which is the process of supervising, evaluating, and adjusting your business's cash. This is a process that needs to be performed on a regular basis so you can develop a system of cash flow forecasting that will allow you to take steps necessary to head off cash flow problems. The bottom line in this process is to develop strategies that will maintain adequate cash flow for your business.

오늘날 모든 회사들은 그들의 자금과 관련한 폭넓은 정부 규제와 법적 요건들에 직면합니다. 그 어떤 부도덕한 일도 일어나지 않도록 하는 것이 가장 중요하죠. 이를 판단하기 위해 내부 감사가 반드시 적용되어야 합니다. 내부 감사에는 여러 요소들이 있지만, 오늘은 이 절차를 구성하는 두 가지 요소들을 살펴보고자 합니다.

첫 번째는 부기입니다. 간단하지만 무척이나 중요한 것이죠. 여러분들이 알고 있을지도 모르지만, 이것은 한 사업체의 입출금을 기록하는 것을 포함합니다. 회계 장부 일은 시간이 많이 걸릴 수 있습니다. 어떠한 예외도 없이, 지불했거나 받은 금액은 반드시 기록되어야만 합니다. 돈을 숨기기란 사실상 불가능한데 이는 대차 대조표의 금액이 일치해야만 하기 때문이죠. 만일 잘못된 부분이 있다면 정부 기관에서 언젠가는 이를 찾아낼 것이고, 벌금이 엄청날 수 있습니다.

이 방법의 또 다른 요소는 현금 유동성 관리인데, 이것은 사업체의 현금을 감독, 평가, 그리고 조정하는 절차입니다. 이 절차는 현금 유동성 문제를 미연에 방지하기 위해 필요한 조치를 취할 수 있게 해 주는 현금 유동성 예측 시스템을 개발할 수 있도록 정기적으로 실시되어야 하죠. 이 절차의 핵심은 사업체의 적절한 현금 유동성을 유지해 줄 전략을 세우는 것입니다.

Note-Taking

internal auditing = a consulting procedure for company: make it function effectively & efficiently

2 components of internal auditing:

- bookkeeping: strict record of what comes in & out of the comp

- cash flow management: controlling a comp's cash

Using points and examples from the talk, explain the two methods involved in internal auditing.

강의의 요점과 예시를 사용하여 내부 감사와 관련된 두 가지 방법에 대해 설명하시오.

PREPARATION TIME

00 : 00 : 30

RESPONSE TIME

00 : 00 : 60

PART 01
Question Types

예시 답변   QT03_1A

According to the reading, companies must rely on the process of internal auditing to ensure that their company is functioning at the highest level of efficiency. The professor describes two essential parts of this method that help manage capital. First, she mentions bookkeeping. This process maintains a strict tally of all the debits and credits that come and go from a company. Any intentional irregularities will eventually be discovered since recordkeeping must be meticulous. A second component deals with cash flow management. In essence, this allows a company to manage its cash. It helps a business to develop useful strategies for preventing any cash flow issues.

지문에 의하면, 회사들은 자신들이 가장 효율적으로 기능하고 있는지를 확인하기 위해 내부 감사 절차에 의존해야 한다. 교수는 자금을 관리하는 것을 돕는 이 방법의 두 가지 중요한 부분을 설명한다. 첫 번째로, 교수는 부기를 언급한다. 이 절차는 한 회사로 들어오고 나가는 모든 차변과 대변에 대한 엄격한 기록을 유지한다. 부기는 무척이나 정확해야 하기 때문에 어떠한 고의적인 부정 행위도 언젠가는 발각될 것이다. 두 번째 요소는 현금 유동성 관리를 다루고 있다. 본질적으로 이것은 한 회사가 현금을 관리하게 해준다. 그것은 사업체가 현금 유동성 문제를 방지하는 유용한 전략을 개발하는 데 도움을 준다.

Sample Question 2

Reading Time: 45 seconds

Steroids

Steroids are naturally produced chemicals found in plants and animals. In humans, these hormones control many of the body's metabolic processes. Anabolic-androgenic steroids (AAS) are artificially produced versions of the male sex hormone testosterone. These drugs are commonly used to treat legitimate medical conditions such as delayed puberty and certain types of cancer. However, the drugs are often abused to increase muscle mass and enhance physical performance by athletes. They can be taken orally or injected into the body. The psychological side effects include violent behavior and mood swings, while physically, AASs cause baldness, acne, and severe damage to the heart and liver.

스테로이드

스테로이드는 식물과 동물에게서 자연적으로 생성되는 화학 물질이다. 인간에게 있어 이 호르몬은 신체의 신진대사 과정의 많은 부분을 통제한다. 단백 동화 스테로이드(AAS)는 남성 성호르몬인 테스토스테론을 인위적으로 만들어 낸 것이다. 이 약물은 사춘기 지연이나 특정 종류의 암과 같은 법률이 인정하는 질환을 치료하는 데 보통 사용된다. 하지만 이 약물은 운동선수들의 근육량을 늘리고 신체적 활동을 증강시키기 위해 종종 남용된다. 약물은 구강이나 주사로 투여가 가능하다. AAS의 정신적인 부작용으로는 폭력적 행동과 감정의 기복이 포함되며, 외적으로는 탈모, 여드름, 심장과 간의 심각한 손상을 야기한다.

 QT03_2Q

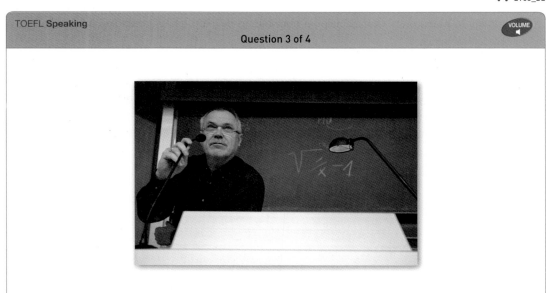

Listening Script>>

OK... uh... the benefits of steroids are well documented; however, there is a downside to them. Several studies have been conducted to gauge their effects on behavior and the body. Today, I want to discuss with you some of those effects.

A study was conducted on hamsters to measure the effect of steroids on behavior. A group of test hamsters were given high doses of steroids daily. After some time, they were put in the presence of normal hamsters. When this occurred, the test hamsters reacted quite aggressively. When affected hamsters were placed in cages with unaffected ones, conflict occurred 85 out of 100 times. Researchers were intrigued because there was no provocation by the unaffected hamsters. The steroid-induced hamsters were simply hyperaggressive. This same behavior is also exhibited in humans who abuse the drug.

Next, steroids have also been linked to horrendous health effects in the bodies of athletes. In professions like bodybuilding, American football, and professional wrestling, steroids are often abused. After prolonged use, the heart and liver are the organs most adversely affected. It is not uncommon for these seemingly healthy athletes to develop heart conditions or liver-related problems after they retire. In fact, in professional wrestling, a string of top athletes died within 10 years of each other. Oddly enough, they all died of heart-related complications and were known steroid users.

좋아요… 음… 스테로이드의 이점은 잘 기록되어 있지만, 단점도 있습니다. 스테로이드가 행동과 신체에 미치는 영향을 측정하려고 여러 연구들이 실행되고 있죠. 오늘은 이 중 몇 가지 영향에 대해 이야기하도록 하겠습니다.

스테로이드가 행동에 미치는 영향을 측정하기 위해 햄스터들을 상대로 연구가 시행되었습니다. 한 무리의 실험용 햄스터들에게 매일 많은 양의 스테로이드를 투여했죠. 얼마 후 이 햄스터들을 다른 보통의 햄스터들과 같이 두었습니다. 이 일이 일어나자 실험용 햄스터들은 상당히 공격적으로 반응했어요. 영향을 받은 햄스터들이 영향을 받지 않은 햄스터들과 같은 우리에 넣어지자, 100번 중 85번 충돌이 발생했습니다. 영향을 받지 않은 햄스터들 쪽에서는 도발이 없었기 때문에 연구원들은 흥미를 느꼈어요. 스테로이드를 맞은 햄스터들은 간단히 말해 엄청나게 공격적이었습니다. 이 약물을 남용하는 인간에게서도 같은 행동이 나타납니다.

다음으로. 스테로이드는 운동선수들의 신체에 나타나는 끔찍한 건강상의 영향과도 관련이 있습니다. 보디빌딩, 미식축구, 그리고 프로 레슬링과 같은 직업에서 스테로이드는 종종 남용되죠. 장기적으로 사용한 뒤 가장 심각하게 영향을 받는 장기는 심장과 간입니다. 겉으로는 건강해 보이는 이들 운동선수들이 은퇴하고 난 뒤 심장 문제나 간 관련 문제가 생기는 것은 드문 일이 아니죠. 사실, 프로 레슬링의 경우 여러 명의 유명 선수들이 다들 10년 내에 사망했습니다. 묘하게도 이들은 모두 심장 관련 합병증으로 사망했고 스테로이드를 사용한 것으로 알려졌습니다.

Note-Taking

steroids: often used for some medical conditions

negative effects:

- violent behavior: hamsters w. steroids → more violent > normal ones

- physical damage: athletes develop heart & liver ailments. wrestlers died w/i a short period of time

VOLUME

The professor describes aggressive behavior and health problems shown in animals and people. Explain how this is related to steroid use.

교수는 동물과 사람에게서 나타나는 공격적 행동과 건강 문제에 대해 설명한다. 이것이 스테로이드 사용과 어떻게 관련되는지 설명하시오.

PREPARATION TIME
00 : 00 : 30

RESPONSE TIME
00 : 00 : 60

예시 답변 QT03_2A

According to the reading, steroid abuse can lead to changes in behavior and health. The professor discusses these possible outcomes with two examples. First, he describes a study conducted with hamsters to measure steroids' effects on personality. Hamsters were given large doses of them over a period of time. Subsequently, when put in contact with normal hamsters, the affected ones acted violently toward them. Furthermore, the professor mentions that some professional athletes suffer from heart and liver ailments from the overuse of steroids. He cites an example in pro wrestling where a few wrestlers, who were all steroid users, suddenly died within a short period of time from heart conditions.

지문에 의하면, 스테로이드 남용은 행동과 건강에 변화를 야기할 수 있다. 교수는 두 가지 예를 들어 이런 가능한 결과를 설명한다. 첫째로, 그는 스테로이드가 성격에 미치는 영향을 측정하기 위해 햄스터를 대상으로 실시된 연구를 설명한다. 햄스터들에게는 일정 기간 동안 많은 양의 스테로이드가 투여되었다. 그 뒤 다른 보통 햄스터들과 접촉했을 때 영향을 받은 햄스터들은 그들에게 공격적으로 반응했다. 게다가, 교수는 몇몇 프로 운동선수들이 스테로이드 남용으로 인해 심장과 간 질병으로 고통 받는다고 언급한다. 그는 스테로이드 사용자였던 몇몇 레슬링 선수들이 심장 질환으로 짧은 시기 동안 갑자기 사망한 프로 레슬링의 예를 인용한다.

PAGODA TOEFL

Actual Test

SPEAKING

04 Integrated Task: Academic Lecture II

◎ 교수의 강의를 들은 뒤 교수가 이야기하는 주제 및 강의 내용을 요약하는 통합형 과제(Integrated Task) 유형이다.

◎ 강의는 주로 대학 강의에서 접할 수 있는 내용으로 구성되어 있으며, 자주 등장하는 주제는 생물, 경제, 심리, 미술, 사회, 역사 등의 분야이다. 난이도가 높게 느껴질 수 있으나 주제에 대해 모르는 사람도 이해하기 쉽게 설명하므로 긴장하지 않도록 한다.

◎ 강의는 90~120초 동안 듣게 되고(약 230~280단어 분량), 준비 시간은 20초이며, 답변 시간은 60초이다.

📖 자주 출제되는 주제

- 벌목이 가져오는 부정적 영향: 기후 영향, 생태계의 균형 파괴 등

- 역사 인식의 두 가지 유형: 사실로서의 역사, 기록으로서의 역사

- 동물들이 동면을 하는 이유: 추위 피하기, 먹이 부족 현상 피하기 등

- 인구 이동의 원인: 일자리와 교육, 편리하고 쾌적한 환경 등

💡 문제 풀이 전략

- 강의 내용 중 이해하지 못하는 부분이 나오면 빨리 잊어버리고 다음 내용으로 넘어간다. 문제에 대한 답변을 할 때 모르는 부분을 제외하고도 충분히 논리적으로 강의 내용을 풀어갈 수 있다. 그렇게 하기 위해서는 강의의 주제를 확실히 인지하고 예시로 이어지는 강의의 흐름을 놓치지 않는 것이 중요하다.

- 보통 강의 초반에 교수가 이야기하려는 내용의 주제, 즉 핵심 내용이 등장하므로 이 부분을 주의해서 들어야 한다.

- 예시들이 주제와 어떻게 연결되는지를 묻는 질문이 대부분이므로 둘 사이의 관계를 잘 설명하도록 한다.

- 120~150단어, 혹은 7~9문장 정도의 답변이 알맞다.

  주의 자신의 생각이나 추측은 배제하고 강의의 내용에 근거하여 정확한 정보를 전달해야 한다.

STEP 1 강의의 요점을 메모한다.

Listening Script>>

🎧 QT04_EX

OK, the concept of assemblage refers to a body of written material that has been created from other existing texts. This concept has caused some issues since it deals with utilizing existing materials to create a new one.

First, when we look at it with regard to academic compositions, assemblage has many detractors. Professors are highly critical of students using other authors' work, though properly annotated, to enhance their own since they feel they are not adding original thought. But assemblage allows students to add successive layers to an original concept that, once completed, is in fact an original work since it produces a new perspective. For example, assemblage is like making a quilt from several different patches or source materials. Once sewn together, the source materials help to create something that did not exist before. As a result, it is an original.

Another medium where assemblage has come into play is in the field of music. Here, assemblage is used to create an original work from a previously recorded song. A professor in the ethnomusicology department of a major university noted that the art of assemblage practiced by hip-hop DJs and producers is a creative way to utilize mixing and sampling, as well as adding a narrative, to produce a new multi-layered song. The genesis of this concept in the music world came in the genre of hip-hop and rap. As we all know today, the art form has extended throughout all musical genres and can even be heard in pop and rock.

좋아요. 아상블라주라는 개념은 기존의 다른 문서들로 만들어진 문자 자료의 모음을 의미합니다. 이 개념은 새로운 것을 창조하는 데 이미 존재하는 소재를 사용하는 것을 다루기 때문에 몇몇 문제들을 야기했습니다.

첫째로, 학술자료 작성과 관련해서 봤을 때, 아상블라주를 폄하하는 사람들이 많습니다. 교수들은 학생들이 자신의 저술을 향상시키기 위해 다른 작가들의 저술을 사용하는 것에 대해 굉장히 비판적인데 이는 그들이 학생들이 적절하게 주석을 달았음에도 불구하고 독창적인 생각을 담지 않는다고 느끼기 때문입니다. 그러나 아상블라주는 학생들이 독창적인 컨셉에 연속적인 층을 더할 수 있게 하고, 이는 일단 완성되면 새로운 관점을 만들어내기 때문에 사실상 독창적인 저술이 됩니다. 예를 들면, 아상블라주는 여러 개의 다른 조각들이나 원자료를 이용해 퀼트를 만드는 것과 같습니다. 일단 함께 꿰매지면, 원자료는 이전에는 존재하지 않았던 무언가를 만들어내는 데 기여합니다. 결과적으로, 그것은 독창적인 것입니다.

아상블라주가 영향을 준 또 다른 매체는 음악 분야입니다. 여기서 아상블라주는 이전에 녹음된 노래로부터 독창적인 곡을 창조하기 위해 사용됩니다. 어떤 주요 대학 민족음악학부의 한 교수는 힙합 디제이와 프로듀서들이 행한 아상블라주의 예술이 서사를 추가하는 것뿐만 아니라 믹싱과 샘플링을 사용해 새로운 멀티 레이어드 노래를 만드는 창의적인 방법이라고 언급합니다. 음악계에서 이 개념의 기원은 힙합과 랩 장르에서 왔습니다. 오늘날 우리가 모두 아는 것처럼, 그 예술 형식은 모든 음악 장르를 통틀어서 확장되어 오고 있고, 팝과 록 음악에서도 들을 수 있습니다.

PART 01
Question Types

Note-Taking

assemblage: a written material created from pre-existing texts

- 1st example: academic compositions

- 2nd example: music

Question>>

> Using points and examples from the talk, define assemblage and its relation to plagiarism.
>
> 강의의 요점과 예시를 사용하여 아상블라주를 정의하고 그것과 표절의 관계를 정의하시오.

STEP 2 답변할 내용의 아웃라인을 메모한다.

> assemblage: a written material created from pre-existing texts
>
> Ex 1: academic compositions add layers to an existing concept
> → present an original idea: like a quilt
>
> Ex 2: music add various techniques to a song
> → produce a new song

STEP 3 강의의 주제를 도입부에 언급한다.

◉ 주제문(Topic Sentence)에서 자주 쓰이는 표현

- The professor is talking about…   교수는 …에 대해 이야기한다
- The topic of the lecture is…   강의의 주제는 …이다
- The professor gives two examples   교수는 두 가지 예시를 든다
- The main idea of the lecture is…   강의의 요지는 …이다
- The professor explains…   교수는 …에 대해 설명한다

예시 답변

> **By giving two examples, the professor explains** how assemblage is distinct from plagiarism since it is used in creating a new product from pre-existing ones.
>
> **두 가지 예를 들어서, 교수는** 아상블라주가 기존의 작품들을 이용해 새로운 작품을 창조하기 때문에 어떻게 표절과 구별되는지 **설명한다.**

기능어를 잘 활용해 짜임새 있는 답변을 구사한다.

예시 답변 🎧 QT04_EX

First, she describes how it is used in academic writing. **She states that** assemblage is actually taking resource material from other writers and adding it to an original idea. The additions of the material serve to present the writer's original point of view on the existing idea. She compares it to a patchwork quilt where different patches are sewn together to make a new quilt. **Second, she explains** how hip-hop and rap music utilize a form of assemblage to produce original music. Citing an observation from another university professor, she concluded that by adding various layers of techniques to an already recorded song, one can produce a new song that is separate from the original.

첫째로, 그녀는 그것이 학술적 글쓰기에서 어떻게 사용되는지 **설명한다.** 그녀는 아상블라주가 사실은 다른 작가들로부터 소재를 가져와서 고유의 아이디어에 그것을 추가하는 **것이라고 주장한다.** 소재의 추가는 이미 존재하는 아이디어에 대한 작가의 독창적인 관점을 보여주는 데에 기여한다. 그녀는 그것을 서로 다른 조각들이 함께 꿰매져 새로운 퀼트를 만들어 내는 조각보 퀼트에 비유한다. **둘째로, 그녀는** 힙합과 랩 음악이 독창적인 음악을 만드는 데 어떻게 아상블라주의 형식을 사용하는지 **설명한다.** 다른 대학 교수의 관찰을 인용하면서, 그녀는 이미 녹음된 노래에 다양한 층의 기술을 더함으로써 원곡과는 구분되는 새로운 노래를 만들어 낼 수 있다고 결론짓는다.

PART 01
Question Types

Sample Question 1

QT04_1Q

Listening Script>>

As we all know, telecommunication has become absolutely vital in our lives. But how did this happen so quickly? In order to explain, we need to fully understand Metcalfe's law. Simply put, the number of possible cross-connections in a network grows proportionately to the square of the number of computers included in the network.

At first, the concept was developed to deal with fax machines and telephones. Having one device is useless. If you have the only one, who are you going to contact? But with each additional connection to the same network, your ability to communicate with others quickly multiplies. Every time a new connection is made, the number is squared. However, since a computer cannot contact itself, the equation is written thusly: n^2-n. If you have four people in your network, you have a value of 16, so you can make 12 actual connections. Five people then produce a value of 25 and 20 connections, and so on and so forth.

우리 모두 알고 있듯이, 전기 통신은 우리의 삶에서 뗄 수 없는 존재가 되었습니다. 하지만 어떻게 이런 일이 이렇게 빠르게 일어난 걸까요? 이를 설명하기 위해서 우리는 멧칼프의 법칙을 잘 이해해야만 합니다. 간단히 말해, 하나의 네트워크에서 가능한 교차 접속수는 이 네트워크에 포함된 컴퓨터 수의 제곱과 비례해서 커진다는 겁니다.

먼저, 이 개념은 팩스기와 전화기를 다루기 위해 생겨났습니다. 기계를 하나만 가지고 있으면 소용이 없죠. 만약 기계가 하나라면, 누구에게 연락을 할 건가요? 하지만 같은 네트워크에 연결이 하나씩 늘어갈수록 다른 이들과 여러분이 소통할 수 있는 능력은 빠르게 증가합니다. 새로운 연결이 추가될 때마다 수는 제곱이 되죠. 하지만 컴퓨터가 자신과는 접속할 수 없으므로 이 공식은 n^2-n으로 쓰여집니다. 만약 여러분의 네트워크에 네 명의 사람이 있다면 16이라는 값이 나오고 그렇게 되면 실제로 12개와 접속될 수 있습니다. 그러므로 다섯 명의 사람은 25라는 값을 만들어내고 20개의 연결의 수가 나오고 계속 이런 식으로 이어집니다.

As you can see, this is really how communication over the Internet skyrocketed. The Internet gives us several modes of communication like e-mail, online chatting, etc. For our purposes, let's use social media networks as an example. You know that every time you add a new friend, that person becomes part of your network. Not only has your network increased, but that new friend now has access to the friends in your network. It's possible that they may know one of your current friends, so what do they do? They ask them to become a friend in their network. And now their network grows. The numbers increase exponentially, which essentially puts more of us in contact with one another.

여러분이 알 수 있듯이, 이런 방식으로 인터넷을 통한 소통이 급증했습니다. 인터넷은 우리에게 이메일, 온라인 채팅 등과 같은 몇 개의 소통 방식을 제공하죠. 우리의 목적을 위해 소셜 미디어 네트워크를 예로 들도록 합시다. 여러분이 한 명의 새로운 친구를 추가할 때마다 그 사람은 여러분 네트워크의 일부가 되죠. 여러분의 네트워크가 증가한 것뿐만이 아니라, 그 새로운 친구는 여러분 네트워크의 다른 친구들에게도 접근할 수 있습니다. 여러분의 현재 친구들 중 하나를 그 사람이 알 가능성도 있죠. 그럼 그들은 무엇을 할까요? 그들은 그들의 네트워크에서 친구 신청을 합니다. 그리고 이제 그들의 네트워크가 커지죠. 숫자는 기하급수적으로 증가하고, 이는 결국 더 많은 사람들이 서로 연결되도록 해줍니다.

Note-Taking

Metcalfe's law: no. of possible cross-connections grows as the no. of computers included in the network ↑

Ex 1: fax machines & telephones
- one device → useless
- w/ additional connection → ability to communicate multiplies

Ex 2: social media networks
- add new friend → becomes part of network → access to the friends in network → become a friend → network grows

Using points and examples from the talk, explain what Metcalfe's law is. Then describe how it is applied to communication technologies.

강의의 요점과 예시를 사용하여 멧칼프의 법칙이 무엇인지 설명하시오. 그리고 이 법칙이 통신 기술에 어떻게 적용되는지 서술하시오.

PREPARATION TIME
00 : 00 : 20

RESPONSE TIME
00 : 00 : 60

예시 답변

The professor explains the ability for telecommunications to spread rapidly via Metcalfe's law. He says that Metcalfe's law states that a network becomes more valuable as more users are connected to it. First, he gives the example of telephones/fax machines to illustrate the point. Since having one unit serves no benefit to communicate with others, it is vital to have others who have the same unit. The more units that are connected, the more valuable they become. Second, he describes how communication via the Internet has increased. Using social media as an example, he illustrates that a person's network grows by adding friends. So, if your friend adds you to her network, not only has her value increased, so has yours. In addition, you now have access to all the people in her network, which gives you the chance to add some of them to your network, further increasing your value.

교수는 멧칼프의 법칙을 통해 전기 통신이 빠르게 확산되는 능력을 설명하고 있다. 그는 멧칼프의 법칙은 하나의 네트워크에 더 많은 사용자들이 연결될수록 더 많은 가치를 가지게 되는 것이라고 말한다. 먼저, 교수는 전화기/팩스기를 예로 들어 요점을 설명한다. 기계 하나만 가지고는 다른 이들과 소통을 하는 데 아무런 이익이 없으므로, 같은 기계를 가진 다른 이들이 있는 것이 가장 중요하다. 더 많은 기계가 연결될수록 그들은 가치가 더 높아지게 된다. 두 번째로, 교수는 인터넷을 통한 소통이 어떻게 증가했는지 설명한다. 교수는 소셜 미디어를 예로 들어 한 사람의 네트워크가 친구들을 추가함으로써 커진다고 말한다. 그래서 만약 한 친구가 당신을 그녀의 네트워크에 추가한다면, 그녀의 가치가 증가하는 것은 물론이고 당신의 가치 역시 증가한다. 게다가 당신은 이제 그녀의 네트워크에 있는 모든 사람들에 접근할 수 있으며, 그 사람들 중 몇몇을 당신의 네트워크에 추가할 수 있는 기회를 갖게 되므로 당신의 가치는 더욱 증가한다.

Sample Question 2

🎧 QT04_2Q

Listening Script>>

Alright, the ancient Egyptians were a group of very resourceful people. This resourcefulness carried over to how they constructed homes and buildings as well. Whenever you see images of the things they built, two things will probably strike you.

The first may be the type of material they used to build. If you survey the area, you'll notice that stones such as granite and limestone were in great abundance; as was dirt which was fashioned into mud bricks. As a result, most of their edifices were constructed out of these materials. For example, homes were typically made from dried mud bricks. Because of the dry weather, they had a long life span. In addition, some of their more monumental structures like The Great Pyramid were built using massive blocks of limestone from nearby quarries.

Another striking feature can be seen in their architecture. They employed some very simple techniques in the construction of buildings. A wonderful example that displays how they utilized their architectural style would be Luxor Temple. Here, you can see just how effectively they employed the basic post and beam method. If you look at images of the complex, you'll notice that many colonnades are supporting horizontal blocks of stone;

좋아요, 고대 이집트인들은 지략이 뛰어난 사람들이었습니다. 이 지략은 그들이 집과 건물을 짓는 데에도 이어졌죠. 그들이 지은 것들의 모습을 볼 때마다, 아마 여러분에게 두 가지가 떠오르게 될 겁니다.

첫 번째는 그들이 건축을 하는 데 사용한 재료일 겁니다. 이 지역을 관찰한다면 화강암과 석회암 같은 돌들이 매우 풍부했다는 것을 알게 될 겁니다. 진흙 벽돌을 만드는 데 사용된 흙만큼이나 말이죠. 그 결과, 이집트인들의 건물 대부분은 이 재료들로 지어지게 되었습니다. 예를 들어, 집은 일반적으로 말린 진흙 벽돌로 지어졌죠. 건조한 기후로 인해 이 벽돌들은 수명이 길었습니다. 게다가 거대한 피라미드와 같은 이집트인들의 더 기념비적인 건축물은 가까운 채석장에서 가져온 거대한 석회암을 사용하여 지어졌습니다.

또 다른 현저한 특징은 그들의 건축 양식에서 볼 수 있습니다. 이집트인들은 건물을 짓는 데 매우 간단한 기술을 사용했죠. 이들의 건축 양식이 어떻게 사용되었는지 보여주는 훌륭한 예는 룩소르 신전입니다. 여기서 이들이 기본적인 기둥과 보 방식을 얼마나 효과적으로 사용했는지 볼 수 있습니다. 이 건물의 모습을 본다면 일렬로 세운 많은 돌기둥들이 가

this is what I mean by post and beam. Also, many of the buildings have flat roofs constructed of huge stone blocks supported by external walls and a colonnade. Incidentally, many private residences were basically four walls supporting a flat roof.

로로 놓인 돌을 떠받치고 있는 것을 알게 될 겁니다. 이것이 제가 말한 기둥과 보의 의미입니다. 또한, 건물들은 외벽과 돌기둥으로 떠받쳐진 거대한 돌덩이로 만들어진 납작한 지붕을 가지고 있죠. 덧붙이자면, 많은 개인주택들은 기본적으로 납작한 지붕을 네 개의 벽이 받치고 있는 형태였습니다.

Note-Taking

ancient Egyptian buildings

1. type of material
   - granite, limestone, dirt
   - homes: mud bricks
   - The Great Pyramid: limestone

2. architecture
   - employed simple techniques
   - Luxor Temple: basic post and beam method—colonnades supporting stone blocks
   - stone flat roofs supported by walls & colonnade

Using points and examples from the talk, explain the characteristics of ancient Egyptian structures. Then describe two of the most characteristic features of them.

강의의 요점과 예시를 사용하여 고대 이집트 건축물의 특징을 설명하시오. 그리고 그 중 가장 독특한 두 가지 특징을 서술하시오.

PREPARATION TIME
00 : 00 : 20

RESPONSE TIME
00 : 00 : 60

PART 01
Question Types

예시 답변

 QT04_2A

The professor explains that the building practices of the ancient Egyptians are chiefly marked by two elements. First, he describes the building materials that were used. The homes and buildings used the materials that were amply available in the area, dirt and stone. With these basic materials, ancient Egyptians managed to construct one of the greatest marvels on Earth, the Great Pyramid. The Great Pyramid was constructed out of massive blocks of limestone. Using limestone was convenient and easy since it was one of the most common building materials found there. Second, he explains how the ancient Egyptians used simple architectural methods to create edifices. Perhaps one of the best examples of their architecture can be seen at Luxor Temple. The site displays many examples of the post and beam technique, which uses tall colonnades to support large slabs of flat stone that was used for the roof.

교수는 고대 이집트인들의 건축 기술이 주로 두 가지 요소로 특징지어진다고 설명한다. 첫 번째로, 그는 건축에 사용된 재료를 서술한다. 집과 건물들은 그 지역에서 충분히 사용 가능했던 재료인 흙과 돌로 지어졌다. 이 기본적인 재료로 고대 이집트인들은 지구상에서 가장 경이로운 것 중 하나인 거대한 피라미드를 지을 수 있었다. 거대한 피라미드는 엄청난 크기의 석회암 덩어리로 지어졌다. 석회암은 그 지역에서 가장 흔히 발견되는 건축 재료였기에 석회암을 사용하는 것은 편하고 쉬웠다. 두 번째로, 교수는 고대 이집트인들이 건물을 지을 때 간단한 건축 양식을 어떻게 사용했는지 설명한다. 아마 그들의 건축 양식을 가장 잘 드러내는 예는 룩소르 신전일 것이다. 이곳은 기둥과 보 기술의 많은 예시를 보여주는데, 기둥과 보 기술은 긴 돌기둥들을 사용하여 지붕으로 쓰인 거대하고 납작한 돌을 지지하는 것이다.

TOEFL Speaking에서 자주 사용하는 핵심 표현들

1. 주제에 대해 말하기

- **강의는 주로 ~에 관한 것이다**　　　the lecture/talk is mainly about ~

  The lecture is mainly about why elephants are important in their habitat.

  강의는 주로 코끼리가 왜 그들의 서식지에서 중요한지에 관한 것이다.

- **강의의 주제는 ~이다**　　　the main topic of the lecture/ talk is ~

  The main topic of the lecture is how certain animals mate.

  강의의 주제는 특정 동물들이 어떻게 교미하는가에 관한 것이다.

- **교수/강의자는 ~에 대해서 이야기한다**　　　the professor/speaker talks about ~

  The professor talks about why César Chávez was a great labor activist.

  교수는 왜 세자르 차베스가 위대한 노동 운동가였는지에 대해 이야기한다.

- **강의는 ~에 대해 주로 논하고 있다**　　　the lecture mainly discusses ~

  The lecture mainly discusses the effects of jet lag on the body.

  강의는 시차증이 신체에 미치는 영향에 대해 주로 논하고 있다.

Integrated Task: Academic Lecture

- 강의는 ~에 대해 다룬다

  the lecture deals with ~

  The lecture deals with **an experiment that was conducted using monkeys.**
  강의는 원숭이를 대상으로 하여 시행된 실험에 관해 다룬다.

- 교수 / 강의자는 ~에 대해 이야기한다

  the professor / speaker talks about ~

  In this lecture, the speaker talks about **two factors that affect population equilibrium.**
  이 강의에서 강의자는 개체수 유지에 영향을 미치는 두 가지 요인에 대해서 이야기한다.

- 강의는 ~에 대한 정보를 제공한다

  the lecture provides information about ~

  The lecture provides information about **how socialization takes place among animals.**
  강의는 사회화가 동물들 사이에서 어떻게 이루어지는지에 대한 정보를 제공한다.

2. 주요 사항 말하기

- 강의에 따르면   **according to the lecture / talk**

  According to the lecture, some animals have to change their behavior to survive.

  강의에 따르면, 어떤 동물들은 생존하기 위해 행동을 바꿔야 한다.

- 교수 / 강의자에 따르면   **according to the professor / speaker**

  According to the professor, the elephant is a keystone species, which means it has an important role in its environment.

  교수에 따르면, 코끼리는 핵심종인데, 그것은 코끼리가 환경에서 중요한 역할을 한다는 의미이다.

- 특히, 교수 / 강의자는 ~에 대해 설명한다   **in particular, the professor / speaker explains ~**

  In particular, the professor explains why the gardens were built.

  특히, 교수는 그 정원들이 왜 만들어졌는지에 대해 설명한다.

- 교수 / 강의자는 ~에 대해 (자세히) 설명한다   **the professor / speaker describes ~**

  The professor describes how the loss of African elephants would affect their habitat.

  교수는 아프리카 코끼리의 멸종이 어떻게 코끼리의 서식지에 영향을 미칠지를 설명한다.

- 교수 / 강의자는 ～를 제안한다   the professor / speaker suggests ~

The professor suggests two possible solutions to protect food from bacteria.

교수는 박테리아로부터 음식을 보호하는 두 가지 가능한 방법을 제안한다.

- 교수 / 강의자는 ～라고 말한다   the professor / speaker says (that)~

The professor says that if elephants disappeared, the grasslands would change in a big way.

교수는 코끼리가 사라지면 초원도 크게 변화할 거라고 말한다.

- 첫 번째 / 두 번째 요점은 ～이다   the first / second point is that ~

The first point is that new information must be repeated many times to learn it.

첫 번째 요점은, 새로운 정보는 습득하기 위해서 여러 번 반복해야 한다는 것이다.

- 첫 번째 / 두 번째 요소는 ～이다   the first / second factor is ~

The first factor is the carrying capacity of the area; that is, there are only limited resources in an area to support a population.

첫 번째 요소는 그 지역의 (생물) 수용력이다. 다시 말해서, 하나의 지역에는 개체군을 부양할 수 있는 자원이 한정되어 있다는 뜻이다.

3. 예시 언급하기

- 교수/강의자는 ~를 예로 든다   the professor/speaker gives the example of ~

  The professor gives the example of elephants as a keystone species.
  교수는 핵심종의 한 예로 코끼리를 든다.

- 한 가지 예로, 교수/강의자는 ~에 대해 말한다   as an example, the professor/speaker talks about ~

  As an example, the professor talks about zebra mussels, which were brought to North America by accident.
  한 가지 예로, 교수는 우연히 북아메리카로 들어오게 된 얼룩무늬 홍합에 대해 말한다.

- 주어진 예는 ~이다   the example given is ~

  The example given is wolves that kill some of the deer population.
  주어진 예는 사슴 개체수를 줄이는 늑대이다.

- 첫 번째/두 번째 예에서   in the first/second example

  In the first example, the professor explains how kittens are socialized.
  첫 번째 예에서 교수는 새끼 고양이가 어떻게 사회화되는지를 설명한다.

- 교수가 제시하는 첫 번째/또 다른 예는 　　　the first / another example the professor gives is ~

Another example the professor gives is using exaggeration.

교수가 제시하는 또 다른 예는 과장법의 사용이다.

PART 02
Actual Tests

Actual Test 01

Actual Test 02

Actual Test 03

Actual Test 04

Actual Test 05

Actual Test 06

Actual Test 07

Actual Test 01

TOEFL CONTINUE

Speaking Section Directions

In this section of the test, you will be able to demonstrate your ability to speak about a variety of topics. You will answer four questions by speaking into the microphone. Answer each of the questions as completely as possible.

In question one, you will speak about your personal opinion and preference. Your response will be scored on your ability to speak clearly and coherently about the topic.

In questions two and three, you will first read a short text. The text will go away and you will then hear a talk on the same topic. You will then be asked a question about what you read and heard. You will need to combine appropriate information from the text and the talk to provide a complete answer to the question. Your response will be scored on your ability to speak clearly and coherently and to accurately convey information about what you read and heard.

In question four, you will hear part of a lecture. You will then be asked a question about what you heard. Your response will be scored on your ability to speak clearly and coherently and to accurately convey information about what you heard.

You may take notes while you read and listen to the conversation and lectures. You may use your notes to help prepare your response.

Listen carefully to the directions for each question. The directions will not be written on the screen.

For each question, you will be given a short time to prepare your response. A clock will show how much preparation time is remaining. When the preparation time is up, you will be told to begin your response. A clock will show how much response time is remaining. A message will appear on the screen when the response time has ended.

Task 1

문제 듣기 🎧 AT01_1Q

예시 답변 🎧 AT01_1A

VOLUME

Do you think it's more beneficial to learn by reading books or by watching educational videos? Use specific reasons and examples to explain your answer.

PREPARATION TIME
00 : 00 : 15

RESPONSE TIME
00 : 00 : 45

PART 02
Actual Tests

📋 Note-Taking

문제 듣기 AT01_2Q

예시 답변 🎧 AT01_2A

TOEFL Speaking

Question 2 of 4

VOLUME

Reading Time: 45 seconds

Dear Editor,

Renovations on the campus library were completed last month, and the new layout makes much better use of available space. However, I feel that an important detail has been overlooked. Before the renovation, there were many murals painted on the walls, but they have all been removed or covered up. In order to make the building seem less institutional and more comfortable, I recommend that the library hang artworks by students currently studying fine arts at this university. Not only will this improve the library's appearance, but it will also provide the students with an opportunity to display their work to the public.

Alistair Wellman

📋 Note-Taking

📋 Note-Taking

The students are discussing hanging artworks in the reopened school library. State the woman's opinion and explain the reasons she gives for holding that opinion.

PREPARATION TIME
00 : 00 : 30

RESPONSE TIME
00 : 00 : 60

📋 Note-Taking

Task 3

문제 듣기 AT01_3Q

예시 답변 🎧 AT01_3A

VOLUME

Reading Time: 45 seconds

Fixed Action Patterns

Instinct is the inheritable and unconscious tendency to have a complex and specific response to stimuli. These responses are called fixed action patterns, and they are unchangeable sequences of behavior that continue until they are completed. They are produced in a part of the nervous system called the innate releasing mechanism when it is triggered by a certain stimulus in the animal's environment. Fixed action patterns are particularly useful in ethology, which is the objective study of animal behavior under natural conditions. The main goal is to study the most basic of animal behaviors to determine which are instinct and which are learned.

**PART 02
Actual Tests**

📋 Note-Taking

Note-Taking

The professor explains fixed action patterns by giving some examples. Explain how geese and toads demonstrate the topic in the reading passage.

PREPARATION TIME

00 : 00 : 30

RESPONSE TIME

00 : 00 : 60

📋 Note-Taking

📋 Note-Taking

In the lecture, the professor describes how snails go dormant to survive in a dry environment. Explain the features of a snail that help it survive in areas with little to no precipitation for extended periods.

PREPARATION TIME

00 : 00 : 20

RESPONSE TIME

00 : 00 : 60

 Note-Taking

PART 02
Actual Tests

Actual Test 02

TOEFL
CONTINUE

Speaking Section Directions

In this section of the test, you will be able to demonstrate your ability to speak about a variety of topics. You will answer four questions by speaking into the microphone. Answer each of the questions as completely as possible.

In question one, you will speak about your personal opinion and preference. Your response will be scored on your ability to speak clearly and coherently about the topic.

In questions two and three, you will first read a short text. The text will go away and you will then hear a talk on the same topic. You will then be asked a question about what you read and heard. You will need to combine appropriate information from the text and the talk to provide a complete answer to the question. Your response will be scored on your ability to speak clearly and coherently and to accurately convey information about what you read and heard.

In question four, you will hear part of a lecture. You will then be asked a question about what you heard. Your response will be scored on your ability to speak clearly and coherently and to accurately convey information about what you heard.

You may take notes while you read and listen to the conversation and lectures. You may use your notes to help prepare your response.

Listen carefully to the directions for each question. The directions will not be written on the screen.

For each question, you will be given a short time to prepare your response. A clock will show how much preparation time is remaining. When the preparation time is up, you will be told to begin your response. A clock will show how much response time is remaining. A message will appear on the screen when the response time has ended.

Task 1

TOEFL Speaking

Question 1 of 4

Some students prefer to work on class assignments by themselves. Others believe it is better to work in groups. Which do you prefer? Give specific details and examples to explain your answer.

PREPARATION TIME
00 : 00 : 15

RESPONSE TIME
00 : 00 : 45

📋 Note-Taking

PART 02
Actual Tests

문제 듣기 AT02_2Q

예시 답변 AT02_2A

TOEFL Speaking

Question 2 of 4

VOLUME

Reading Time: 45 seconds

Providing Contact Info of Future Roommates to All Freshmen

Starting this fall semester, the university will supply all incoming freshmen with the contact information of their future roommates once they have been assigned. This new policy has been enacted to make their transition to university life smoother. Since freshmen are required to live in the dormitories for at least their first full year, who they will be sharing their room with is very important. This will allow them to get acquainted before they move in, and if necessary apply early for a new roommate. In addition, it will make the moving process easier since students will be able to decide who will provide what furnishings for the room.

📋 Note-Taking

PART 02
Actual Tests

📋 Note-Taking

The woman expresses her opinion about the school's new policy of providing contact information for future roommates to all freshmen. State her opinion and explain the reasons she gives for holding that opinion.

PREPARATION TIME

00 : 00 : 30

RESPONSE TIME

00 : 00 : 60

📋 Note-Taking

Task 3

문제 듣기 🎧 AT02_3Q
예시 답변 🎧 AT02_3A

Reading Time: 45 seconds

Experimental Archaeology

The ultimate goal of archaeology is to understand how the people in past societies lived, worked, and died. Scientists do this by examining artifacts like ruins, tools, trash heaps, and burials. However, in order to gain a more complete picture, they sometimes take things a step further with experimental archaeology. They reproduce old weapons and tools to test their effectiveness, recreate old structures using contemporary building techniques and materials, and even replicate the clothing and diets of bygone cultures. This hands-on branch of study serves to test our theories about the past.

📝 Note-Taking

Note-Taking

The professor explains experimental archaeology by giving an example. Explain how the example demonstrates the topic in the reading passage.

PREPARATION TIME

00 : 00 : 30

RESPONSE TIME

00 : 00 : 60

📝 Note-Taking

문제 듣기 🎧 AT02_4Q
예시 답변 🎧 AT02_4A

🗒️ Note-Taking

In the lecture, the professor describes the General Sherman, the largest tree in the world. Explain the features of this tree that let it live long and grow tall.

PREPARATION TIME
00 : 00 : 20

RESPONSE TIME
00 : 00 : 60

PART 02
Actual Tests

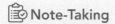 Note-Taking

Actual Test 03

TOEFL CONTINUE

Speaking Section Directions

In this section of the test, you will be able to demonstrate your ability to speak about a variety of topics. You will answer four questions by speaking into the microphone. Answer each of the questions as completely as possible.

In question one, you will speak about your personal opinion and preference. Your response will be scored on your ability to speak clearly and coherently about the topic.

In questions two and three, you will first read a short text. The text will go away and you will then hear a talk on the same topic. You will then be asked a question about what you read and heard. You will need to combine appropriate information from the text and the talk to provide a complete answer to the question. Your response will be scored on your ability to speak clearly and coherently and to accurately convey information about what you read and heard.

In question four, you will hear part of a lecture. You will then be asked a question about what you heard. Your response will be scored on your ability to speak clearly and coherently and to accurately convey information about what you heard.

You may take notes while you read and listen to the conversation and lectures. You may use your notes to help prepare your response.

Listen carefully to the directions for each question. The directions will not be written on the screen.

For each question, you will be given a short time to prepare your response. A clock will show how much preparation time is remaining. When the preparation time is up, you will be told to begin your response. A clock will show how much response time is remaining. A message will appear on the screen when the response time has ended.

Task 1

TOEFL Speaking

Question 1 of 4

VOLUME

Some people believe that artistic ability is something that you have to be born with. Others think that artistic talent can be learned. Which idea do you agree with? Please include specific details in your explanation.

PREPARATION TIME

00 : 00 : 15

RESPONSE TIME

00 : 00 : 45

PART 02
Actual Tests

📝 Note-Taking

Task 2

TOEFL Speaking

Question 2 of 4

VOLUME

Reading Time: 45 seconds

Athletes-Only Gym

Since the addition of the women's and men's football teams, there is a serious lack of training facilities. The university's athletic teams usually work out together, so they need plenty of space and equipment to do so. Unfortunately, this means that athletes have to compete for space with other students that are exercising. We understand that everyone needs to exercise to stay healthy, but if athletes cannot exercise regularly, they cannot compete. Therefore, we recommend that an athletes-only gym be established. The old science hall has extensive plumbing and other features that would make it an ideal building to convert.

Sincerely,

Terry Hawkes

📋 Note-Taking

PART 02
Actual Tests

📋 Note-Taking

The woman expresses her opinion about establishing an athletes-only gym. State her opinion and explain the reasons she gives for holding that opinion.

PREPARATION TIME
00 : 00 : 30

RESPONSE TIME
00 : 00 : 60

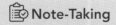 Note-Taking

Task 3

문제 듣기 AT03_3Q

예시 답변 🎧 AT03_3A

TOEFL Speaking

VOLUME

Reading Time: 45 seconds

Familiarity Principle

People tend to prefer things just because they are familiar to them, even if that familiarity is only slight. This phenomenon is referred to as the familiarity principle or exposure effect, and it can occur with any form of stimuli, although it is often associated with vision. If presented with two similar items, one of which they have been exposed to either consciously or unconsciously, most people will choose the more familiar item. What makes this tendency interesting is that it has no logical basis. Simply because we have seen a person a few times does not mean that they are any more reliable than a stranger, but we feel that way because we "know" them.

PART 02
Actual Tests

📝 Note-Taking

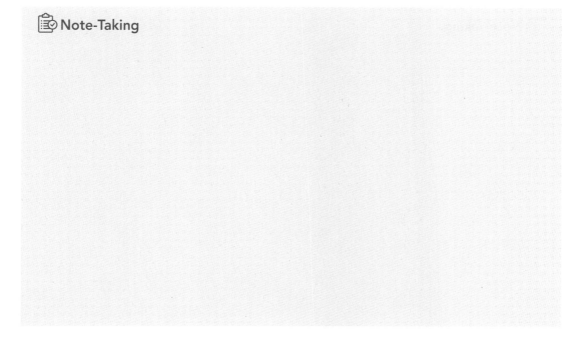

📋 Note-Taking

The professor explains familiarity principle by giving some examples. Explain how the examples demonstrate it.

PREPARATION TIME

00 : 00 : 30

RESPONSE TIME

00 : 00 : 60

📋 Note-Taking

문제 듣기 🎧 AT03_4Q

예시 답변 🎧 AT03_4A

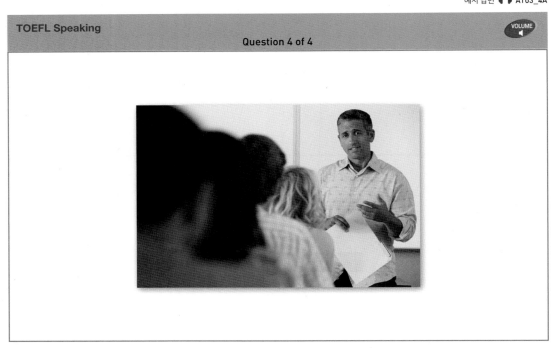

🗒 Note-Taking

In the lecture, the professor defines money using two points. Briefly explain his points by providing some details.

PREPARATION TIME

00 : 00 : 20

RESPONSE TIME

00 : 00 : 60

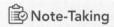 Note-Taking

PART 02
Actual Tests

Actual Test 04

정답 및 해석 | P. 26

Speaking Section Directions

In this section of the test, you will be able to demonstrate your ability to speak about a variety of topics. You will answer four questions by speaking into the microphone. Answer each of the questions as completely as possible.

In question one, you will speak about your personal opinion and preference. Your response will be scored on your ability to speak clearly and coherently about the topic.

In questions two and three, you will first read a short text. The text will go away and you will then hear a talk on the same topic. You will then be asked a question about what you read and heard. You will need to combine appropriate information from the text and the talk to provide a complete answer to the question. Your response will be scored on your ability to speak clearly and coherently and to accurately convey information about what you read and heard.

In question four, you will hear part of a lecture. You will then be asked a question about what you heard. Your response will be scored on your ability to speak clearly and coherently and to accurately convey information about what you heard.

You may take notes while you read and listen to the conversation and lectures. You may use your notes to help prepare your response.

Listen carefully to the directions for each question. The directions will not be written on the screen.

For each question, you will be given a short time to prepare your response. A clock will show how much preparation time is remaining. When the preparation time is up, you will be told to begin your response. A clock will show how much response time is remaining. A message will appear on the screen when the response time has ended.

문제 듣기 🎧 AT04_1Q
예시 답변 🎧 AT04_1A

TOEFL Speaking

Question 1 of 4

Some people think it is an important part of children's education to go on field trips to places such as museums and zoos. Others think that a child's time should be spent strictly in the classroom. Which do you think is better and why?

PREPARATION TIME
00 : 00 : 15

RESPONSE TIME
00 : 00 : 45

📋✓ Note-Taking

문제 듣기 AT04_2Q

예시 답변 🎧 AT04_2A

TOEFL Speaking

VOLUME

Question 2 of 4

Reading Time: 45 seconds

Kitchen Facilities in Dormitories

At present, most of the newer dormitories have cafeteria facilities on the first floor of the building. However, many of the older, smaller dorm buildings have no such amenities. So, students are forced to walk to other dormitories or the Campus Center to purchase meals. I propose that the university change its policy regarding cooking in the dorms. It would not take much time or money to convert one of the meeting rooms in each of these dorms into functioning kitchens with appliances like refrigerators, stoves, and microwaves and cooking utensils. Students could provide their own dishes and store groceries in the refrigerators.

Harold Furt

📝 Note-Taking

📋 Note-Taking

The woman expresses her opinion about the kitchen facilities in dormitories. State her opinion and explain the reasons she gives for holding that opinion.

PREPARATION TIME
00 : 00 : 30

RESPONSE TIME
00 : 00 : 60

📝 Note-Taking

Task 3

TOEFL Speaking

Question 3 of 4

VOLUME

Reading Time: 45 seconds

Transitional Forms

New species do not simply spring into existence. Rather, they evolve from other organisms that existed before them. Transitional forms are organisms that show a connection between two different organisms. Such an organism has traits from both older and newer organisms. It is in an in-between stage, but it should not be viewed as a direct link between the two species. Evolution typically happens in a branching way. There are usually many distinct descendants that have a varying mix of characteristics living at the same time. So a transitional form may show the stages of change, but not its direct path.

PART 02
Actual Tests

📋 Note-Taking

Note-Taking

The professor talks about fish and land animals. Describe how they relate to transitional forms.

PREPARATION TIME

00 : 00 : 30

RESPONSE TIME

00 : 00 : 60

📝 Note-Taking

문제 듣기 🎧 AT04_4Q

예시 답변 🎧 AT04_4A

TOEFL Speaking

📋 Note-Taking

In the lecture, the professor describes the advantages and disadvantages that a franchise owner could face. Briefly explain them by providing some details.

PREPARATION TIME
00 : 00 : 20

RESPONSE TIME
00 : 00 : 60

📋 Note-Taking

Actual Test 05

TOEFL   CONTINUE

Speaking Section Directions

In this section of the test, you will be able to demonstrate your ability to speak about a variety of topics. You will answer four questions by speaking into the microphone. Answer each of the questions as completely as possible.

In question one, you will speak about your personal opinion and preference. Your response will be scored on your ability to speak clearly and coherently about the topic.

In questions two and three, you will first read a short text. The text will go away and you will then hear a talk on the same topic. You will then be asked a question about what you read and heard. You will need to combine appropriate information from the text and the talk to provide a complete answer to the question. Your response will be scored on your ability to speak clearly and coherently and to accurately convey information about what you read and heard.

In question four, you will hear part of a lecture. You will then be asked a question about what you heard. Your response will be scored on your ability to speak clearly and coherently and to accurately convey information about what you heard.

You may take notes while you read and listen to the conversation and lectures. You may use your notes to help prepare your response.

Listen carefully to the directions for each question. The directions will not be written on the screen.

For each question, you will be given a short time to prepare your response. A clock will show how much preparation time is remaining. When the preparation time is up, you will be told to begin your response. A clock will show how much response time is remaining. A message will appear on the screen when the response time has ended.

Task 1

문제 듣기 AT05_1Q

예시 답변 🎧 AT05_1A

TOEFL Speaking

VOLUME

What kind of volunteer work interests you the most?

1) Volunteering at a library

2) Visiting a senior center

3) Fixing and serving meals for homeless people

Give specific examples to explain why.

PREPARATION TIME
00 : 00 : 15

RESPONSE TIME
00 : 00 : 45

PART 02
Actual Tests

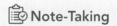 Note-Taking

TOEFL Speaking

Question 2 of 4

VOLUME

Reading Time: 45 seconds

Planned Suspension of University Bus Service

The Office of Student Services has announced that the school plans to stop operations of the university bus services. The service, which runs throughout our university's campus as well as to the surrounding neighborhoods, has seen a sharp decrease in ridership in the past two years, as students prefer to use their own cars. As a result, the school's administration is increasingly viewing the bus service as a waste of money. Instead, the university is exploring alternatives. As of now, the university is planning to invest in other modes of transportation, such as free scooter and bicycle rentals.

📋 Note-Taking

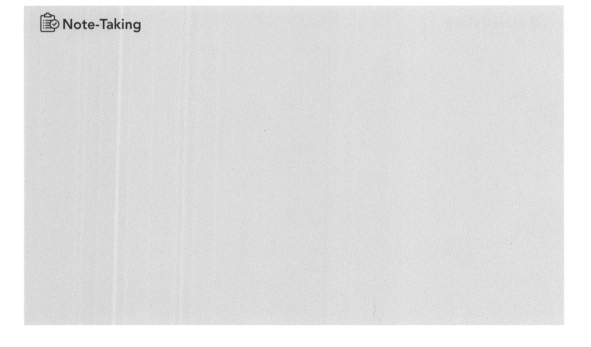

PART 02
Actual Tests

📋 Note-Taking

The man expresses his opinions on the university announcement. State his opinion and explain the reasons he feels that way.

PREPARATION TIME
00 : 00 : 30

RESPONSE TIME
00 : 00 : 60

📝 Note-Taking

Task 3

TOEFL Speaking

Question 3 of 4

Reading Time: 45 seconds

Business Cards

Business cards essentially serve two purposes: they advertise the person and the business they work for, and they help to form people's first impression of you. The cards typically feature the company name, address, and phone number along with the employee's name and contact information. This provides the recipient with all of the information they need to contact the person or their company should they require their products or services. The way in which this information is presented also creates an impression. Most business cards are made of white card stock with black printing, which looks clean and professional. However, some use exotic materials like plastic or metal, and they may even take the form of a mini CD or a memory card.

📋 **Note-Taking**

Note-Taking

The professor discusses the development of business cards in different countries. Explain today's business cards and how business cards were used back in the past.

PREPARATION TIME
00 : 00 : 30

RESPONSE TIME
00 : 00 : 60

PART 02
Actual Tests

📋 Note-Taking

TOEFL Speaking

Question 4 of 4

VOLUME 🔊

📋 Note-Taking

In the lecture, the professor describes two methods of demonstrating a product. Explain the two methods by providing examples.

PREPARATION TIME
00 : 00 : 20

RESPONSE TIME
00 : 00 : 60

Actual Test 06

정답 및 해석 I P. 42

TOEFL

CONTINUE

Speaking Section Directions

In this section of the test, you will be able to demonstrate your ability to speak about a variety of topics. You will answer four questions by speaking into the microphone. Answer each of the questions as completely as possible.

In question one, you will speak about your personal opinion and preference. Your response will be scored on your ability to speak clearly and coherently about the topic.

In questions two and three, you will first read a short text. The text will go away and you will then hear a talk on the same topic. You will then be asked a question about what you read and heard. You will need to combine appropriate information from the text and the talk to provide a complete answer to the question. Your response will be scored on your ability to speak clearly and coherently and to accurately convey information about what you read and heard.

In question four, you will hear part of a lecture. You will then be asked a question about what you heard. Your response will be scored on your ability to speak clearly and coherently and to accurately convey information about what you heard.

You may take notes while you read and listen to the conversation and lectures. You may use your notes to help prepare your response.

Listen carefully to the directions for each question. The directions will not be written on the screen.

For each question, you will be given a short time to prepare your response. A clock will show how much preparation time is remaining. When the preparation time is up, you will be told to begin your response. A clock will show how much response time is remaining. A message will appear on the screen when the response time has ended.

Task 1

문제 듣기 🎧 AT06_1Q
예시 답변 🎧 AT06_1A

TOEFL Speaking

Question 1 of 4

Do you agree or disagree with the following statement? Young children should be allowed to have cell phones. Please include specific details in your explanation.

PREPARATION TIME

00 : 00 : 15

RESPONSE TIME

00 : 00 : 45

📋✓ **Note-Taking**

문제 듣기 AT06_2Q

예시 답변 AT06_2A

TOEFL Speaking

VOLUME

Question 2 of 4

Reading Time: 45 seconds

The University's Bike Sharing Program

Effective from next month, there will be changes to the university's bike sharing program. The program provides students with a healthy alternative to driving their cars around the campus, but it needs improvement. Students will be allowed to borrow a bike for up to four hours. This is to prevent some students from keeping the bikes all day long. In addition, students will need to leave their student ID cards as a deposit in order to borrow a bike. This will be a simple process, and is better than making students pay the fee in cash or with a credit card.

📋 Note-Taking

PART 02
Actual Tests

📋 Note-Taking

The woman expresses her opinion about announced changes to the university's bike sharing program. State her opinion and explain the reasons she gives for holding that opinion.

PREPARATION TIME
00 : 00 : 30

RESPONSE TIME
00 : 00 : 60

📋 Note-Taking

Task 3

문제 듣기 AT06_3Q

예시 답변 AT06_3A

TOEFL Speaking

VOLUME

Reading Time: 45 seconds

Cyclic Disturbances

Every ecosystem in the world is subject to temporary environmental disturbances that lead to significant changes in that ecosystem. These disturbances are typically divided into two kinds: natural disturbances and anthropogenic, or manmade, disturbances. Human caused disturbances include hunting, mining, forest clearing and the introduction of invasive species. Natural disturbances may be minor, like flooding, fires, insect outbreaks and trampling by stampeding animals. There are also major natural disturbances like earthquakes, tsunamis, volcanic eruptions, firestorms, and overall climate change. However, natural disturbances often result in cyclical changes, where the ecosystem eventually returns to the previous state and then repeats the process.

PART 02 Actual Tests

📋 Note-Taking

📋 Note-Taking

The professor explains cyclic disturbance by giving some examples. Explain how the examples demonstrate it.

PREPARATION TIME

00 : 00 : 30

RESPONSE TIME

00 : 00 : 60

PART 02
Actual Tests

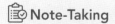Note-Taking

문제 듣기 🎧 AT06_4Q

예시 답변 🎧 AT06_4A

🖺 Note-Taking

In the lecture, the professor gives two types of advertising strategies. Briefly explain his points by providing some details.

_____

PREPARATION TIME
00 : 00 : 20

RESPONSE TIME
00 : 00 : 60

 Note-Taking

Actual Test 07

정답 및 해석 | P. 50

TOEFL   `CONTINUE`

Speaking Section Directions

In this section of the test, you will be able to demonstrate your ability to speak about a variety of topics. You will answer four questions by speaking into the microphone. Answer each of the questions as completely as possible.

In question one, you will speak about your personal opinion and preference. Your response will be scored on your ability to speak clearly and coherently about the topic.

In questions two and three, you will first read a short text. The text will go away and you will then hear a talk on the same topic. You will then be asked a question about what you read and heard. You will need to combine appropriate information from the text and the talk to provide a complete answer to the question. Your response will be scored on your ability to speak clearly and coherently and to accurately convey information about what you read and heard.

In question four, you will hear part of a lecture. You will then be asked a question about what you heard. Your response will be scored on your ability to speak clearly and coherently and to accurately convey information about what you heard.

You may take notes while you read and listen to the conversation and lectures. You may use your notes to help prepare your response.

Listen carefully to the directions for each question. The directions will not be written on the screen.

For each question, you will be given a short time to prepare your response. A clock will show how much preparation time is remaining. When the preparation time is up, you will be told to begin your response. A clock will show how much response time is remaining. A message will appear on the screen when the response time has ended.

문제 듣기 🎧 AT07_1Q
예시 답변 🎧 AT07_1A

TOEFL Speaking

Question 1 of 4

VOLUME

Some people prefer to buy food that has already been prepared. Others prefer to buy fresh ingredients to cook their own meals at home. Which do you prefer and why? Explain with reasons and examples.

PREPARATION TIME
00 : 00 : 15

RESPONSE TIME
00 : 00 : 45

📋 Note-Taking

TOEFL Speaking

Question 2 of 4

VOLUME

Reading Time: 45 seconds

Mandatory Student Housing

Beginning in the fall semester, all freshmen will be required to live in the dormitories for a full two semesters. In the past, the policy was to allow freshmen over the age of 20 the option of living in the dormitories or to locate their own housing off of campus. However, in the interest of providing the best possible environment for studying, the dean of students has approved this plan. The majority of students who live off of campus have to get part-time jobs to pay for their rent, which limits the amount of time they can devote to studying. Students who wish to be exempted from this regulation must provide proof that they have the finances to live off of campus without needing to work.

📝 Note-Taking

The woman expresses her opinion about mandatory student housing for incoming freshmen. State her opinion and explain the reasons she gives for holding that opinion.

PREPARATION TIME

00 : 00 : 30

RESPONSE TIME

00 : 00 : 60

📋 Note-Taking

Task 3

문제 듣기 🎧 AT07_3Q
예시 답변 🎧 AT07_3A

TOEFL Speaking

Question 3 of 4

Reading Time: 45 seconds

Groupthink

Groupthink is a phenomenon in which a group comes to a consensus that favors harmony or conformity over critical reasoning. Despite the negativity with which groupthink is often regarded, its effect can sometimes be positive. Firstly, it can foster innovation through the cultivation of a shared mindset within a group. While individual creativity is often celebrated, groupthink can create an environment where unconventional ideas are embraced collectively, leading to novel solutions to complex problems. Secondly, groupthink can promote social cohesion and belongingness, particularly for marginalized communities or underrepresented groups. By reinforcing shared values and identities, groupthink can empower individuals to find strength in unity, fostering a sense of solidarity and support that transcends individual differences.

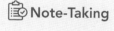 Note-Taking

PART 02
Actual Tests

🗒️ Note-Taking

The professor discusses an example from a workplace setting. Explain how it relates to groupthink.

PREPARATION TIME

00 : 00 : 30

RESPONSE TIME

00 : 00 : 60

PART 02
Actual Tests

📋 Note-Taking

문제 듣기 🎧 AT07_4Q
예시 답변 🎧 AT07_4A

📋 Note-Taking

In the lecture, the professor provides two examples of infant numerical intelligence. Briefly explain his points by providing some details.

PREPARATION TIME

00 : 00 : 20

RESPONSE TIME

00 : 00 : 60

📋 Note-Taking

PAGODA TOEFL

Actual Test

SPEAKING

PAGODA TOEFL

Actual Test

SPEAKING

PAGODA TOEFL

Actual Test

SPEAKING

PAGODA TOEFL

3rd Edition

파고다교육그룹 언어교육연구소 | 저

Actual Test
Speaking

해설서

PAGODA Books

Actual Test 01

본서 I P. 80

Task 1

Question

Do you think it's more beneficial to learn by reading books or by watching educational videos? Use specific reasons and examples to explain your answer.	책을 읽으며 배우는 것이 더 유익하다고 생각하는가, 아니면 교육용 비디오를 보며 배우는 것이 더 유익하다고 생각하는가? 답변을 설명하기 위해 구체적인 이유와 예시를 제시하시오.

Sample Response 1

I think it is more beneficial to learn by reading books than by watching educational videos. First, reading allows learners to process information at their own pace, which helps reinforce understanding. Videos lack this flexibility as they can move too quickly or slowly for individual learners. Second, reading improves focus and critical thinking because it requires active engagement, unlike videos, which can promote passive learning. In fact, studies show that reading activates areas of the brain tied to problem-solving and concentration. For example, when studying history, reading textbooks helped me understand complex events better than documentaries. In conclusion, while videos are convenient, reading books is more effective for deeper understanding.	나는 교육용 비디오를 보는 것보다 책을 읽으며 배우는 것이 더 유익하다고 생각한다. 첫째, 독서는 학습자들이 자신만의 속도로 정보를 처리할 수 있게 하여 이해를 강화하는 데 도움이 된다. 비디오는 개별 학습자에게 너무 빠르거나 느리게 진행될 수 있기 때문에 이러한 유연성이 부족하다. 둘째, 독서는 능동적인 참여를 요구하기 때문에 집중력과 비판적 사고를 향상시키는데, 이는 수동적 학습을 촉진할 수 있는 비디오와 다르다. 실제로 연구는 독서가 문제 해결 및 집중력과 관련된 뇌의 영역을 활성화한다는 것을 보여준다. 예를 들어, 내가 역사 공부를 할 때 교과서를 읽는 것이 다큐멘터리를 보는 것보다 복잡한 사건들을 더 잘 이해하는 데 도움이 되었다. 결론적으로, 비디오가 편리하긴 하지만, 더 깊은 이해를 위해서는 책을 읽는 것이 더 효과적이다.

Sample Response 2

I think learning through educational videos is more beneficial than reading books. First, videos are easier to understand because they use visuals and sound to simplify complex ideas. For example, animations can clearly demonstrate	나는 교육 영상을 통해 학습하는 것이 책을 읽는 것보다 더 유익하다고 생각한다. 첫째, 영상은 시각적 자료와 소리를 활용하여 복잡한 개념을 쉽게 만들어주기 때문에 이해하기가 더 쉽다. 예를 들어, 애니메이션은 텍스트 형식으로 이해하기 어려울 수

concepts that might be difficult to grasp in text form. Second, videos save time by presenting information quickly and efficiently. Unlike books, videos allow learners to comprehend ideas faster. For instance, watching a scientific experiment on video helped me visualize the steps clearly and avoid mistakes. In conclusion, educational videos are more effective for learners because they simplify complex topics quickly.

있는 개념을 명확하게 보여줄 수 있다. 둘째, 영상은 정보를 빠르고 효율적으로 제공하여 시간을 절약해 준다. 책과 달리, 영상은 학습자가 개념을 더 빠르게 이해할 수 있도록 돕는다. 예를 들어, 과학 실험을 영상으로 시청하는 것이 내가 절차를 명확하게 시각화하는 데 도움이 되었고, 실수를 피할 수 있게 해주었다. 결론적으로, 교육 영상은 복잡한 개념을 빠르게 단순화해 주기 때문에 학습자들에게 더 효과적이다.

📖 어휘

beneficial adj 유익한 | **process** v 처리하다 | **reinforce** v 강화하다 | **flexibility** n 유연성 | **improve** v 향상시키다 | **critical** adj 비판적인 | **engagement** n 참여 | **promote** v 촉진하다 | **passive** adj 수동적인 | **activate** v 활성화하다 | **concentration** n 집중력 | **complex** adj 복잡한 | **convenient** adj 편리한 | **effective** adj 효과적인 | **demonstrate** v 보여주다 | **grasp** v 이해하다 | **efficiently** adv 효율적으로 | **comprehend** v 이해하다 | **visualize** v 시각화하다

Task 2

Reading Passage

Dear Editor,

Renovations on the campus library were completed last month, and the new layout makes much better use of available space. However, I feel that an important detail has been overlooked. Before the renovation, there were many murals painted on the walls, but they have all been removed or covered up. In order to make the building seem less institutional and more comfortable, I recommend that the library hang artworks by students currently studying fine arts at this university. Not only will this improve the library's appearance, but it will also provide the students with an opportunity to display their work to the public.

Alistair Wellman

편집장님께,

캠퍼스 도서관의 보수공사가 지난 달 완료되었고, 새로운 레이아웃은 사용 가능한 공간을 훨씬 더 잘 활용하고 있습니다. 하지만, 제 생각에는 한 가지 중요한 사항이 간과된 것 같습니다. 보수공사 전에는 벽에 많은 벽화들이 그려져 있었지만, 그것들은 모두 제거되거나 가려졌습니다. 도서관 건물을 덜 공공시설처럼 보이게 하고 더 편안하게 보이게 하기 위해, 저는 현재 우리 대학에서 순수 미술을 전공하는 학생들의 작품을 도서관에 전시할 것을 건의합니다. 이것은 도서관의 외관을 개선할 뿐 아니라, 학생들에게 자신들의 작품을 대중에게 전시할 수 있는 기회도 제공할 것입니다.

알리스터 웰먼

Ⓜ Have you been to the library since it reopened?

Ⓦ Well, I was just over there, and it seems more spacious, but not in a good way. It seems empty. I read an article that made that same point this morning. Now where did I put that newspaper... Here it is! A student named Alistair Wellman wrote a letter to the editor. He talked about hanging artworks by students to solve that problem.

Ⓜ Did he? Let me see that. Yes, I think he has a point. There were murals before the renovation. But they were very old and faded. Where do the students display their artwork currently?

Ⓦ There is an art gallery on the top floor of Carter Hall, but no one other than art students goes there. It's the farthest building from the center of campus.

Ⓜ There's a gallery on campus? I had no idea.

Ⓦ Exactly. I agree with this guy. Hanging art in the library will make it a better place to study while it gives the art students exposure at the same time.

Ⓜ Yes, it would, but... not all of the art that students produce would be acceptable. I mean, some of it depicts rather controversial subject matter.

Ⓦ That is true, but I'm sure they would set up some kind of selection process to exclude anything too questionable or obscene.

Ⓜ You're probably right.

🔲 재개관 이후에 도서관에 가 본 적 있니?

🔳 음, 내가 좀 전에 다녀왔거든. 더 넓어 보이기는 하지만 좋은 쪽으로는 아니야. 텅 비어 보여. 오늘 오전에 같은 주장을 한 기사를 읽었어. 내가 그 신문을 어디다 두었지... 아, 여기 있다! 알리스터 웰먼이라는 학생이 편집장에게 편지를 보냈어. 그 학생은 그 문제를 해결하기 위해 학생들이 그린 그림을 벽에 거는 것에 대해 이야기했어.

🔲 그래? 좀 보자. 그래, 내 생각에는 그의 말이 일리가 있는 것 같아. 보수공사 전에는 벽화가 있었어. 하지만 그것들은 매우 낡고 색이 바랬지. 지금은 학생들이 자신들의 작품을 어디에 전시하지?

🔳 카터 홀 최상층에 미술관이 있지만, 미술 전공 학생 이외에는 누구도 그곳에 가지 않아. 그 건물은 캠퍼스 중심에서 가장 먼 곳에 있어.

🔲 캠퍼스에 갤러리가 있어? 전혀 몰랐어.

🔳 바로 그거야. 난 이 사람 의견에 동의해. 도서관에 그림을 거는 것은 그곳을 공부하기 더 좋은 장소로 만드는 동시에 미술 전공 학생들에게는 알려질 수 있는 기회를 주게 될 거야.

🔲 그래, 그럴 거야. 하지만... 학생들이 그린 모든 그림이 받아들여지는 않을 거야. 내 말은, 학생들의 그림 중 어떤 건 좀 논란의 여지가 있는 주제를 담고 묘사하기도 하잖아.

🔳 그건 사실이야. 하지만 난 그들이 너무 미심쩍거나 외설스러운 그림을 배제하기 위해 선정 절차를 마련할 것이라고 확신해.

🔲 아마 네 말이 맞을 거야.

🔳 **어휘**

renovation ⓝ 보수공사, 수리 | **layout** ⓝ 레이아웃, 배치 | **overlook** ⓥ 간과하다 | **mural** ⓝ 벽화 | **institutional** ⓐⓓ 기관의, 시설의 | **fine arts** 순수 미술 | **display** ⓥ 전시하다 | **spacious** ⓐⓓ 널찍한 | **faded** ⓐⓓ 색이 바랜 | **exposure** ⓝ 알려짐, 노출 | **acceptable** ⓐⓓ 허용되는, 받아들일 수 있는 | **controversial** ⓐⓓ 논란의 여지가 있는 | **selection process** 선정 절차 | **exclude** ⓥ 배제하다 | **obscene** ⓐⓓ 외설적인

Question 🎧 AT01_2Q

The students are discussing hanging artworks in the reopened school library. State the woman's opinion and explain the reasons she gives for holding that opinion.	학생들은 새로 개관한 학교 도서관에 미술작품을 거는 것에 대해 논의하고 있다. 여자의 의견이 무엇이며 그렇게 주장하는 이유가 무엇인지 설명하시오.

Sample Response 🎧 AT01_2A

In the reading passage, a student suggests that the school hang artworks produced by students who study fine arts. This is to improve the atmosphere of the library's new layout and to give fine arts students more opportunity to display their work. The woman agrees with this idea. She says that the library now looks empty without the murals that used to be there. She also mentions that the library would be a good place for displaying students' artworks. Even though they get to put their works in the art gallery, no one really visits there because it is too far away. People don't even know it exists. She says the school can set up a selection process to find artworks that are appropriate for the library.	지문에서 한 학생이 학교 측에서 순수 미술을 전공하는 학생들이 그린 미술작품을 걸자고 제안한다. 이는 도서관의 새로운 레이아웃의 분위기를 개선하고 순수 미술 전공 학생들에게 작품을 전시할 기회를 더 많이 주기 위함이다. 여자는 이 의견에 동의한다. 그녀는 도서관이 예전에 있던 벽화들이 없어져서 텅 비어 보인다고 말한다. 그녀는 또한 도서관이 학생들의 작품을 전시하는 좋은 장소가 될 것이라고 말한다. 학생들이 미술관에 작품을 전시할 수 있게 되더라도 너무 멀기 때문에 아무도 그곳을 방문하지 않는다. 사람들은 미술관이 존재하는 것조차 알지 못한다. 그녀는 학교 측이 도서관에 적합한 미술작품을 찾는 선정 과정을 마련할 수 있을 것이라고 말한다.

Task 3

Reading Passage

Fixed Action Patterns	**고정 행동 유형**
Instinct is the inheritable and unconscious tendency to have a complex and specific response to stimuli. These responses are called fixed action patterns, and they are unchangeable sequences of behavior that continue until they are completed. They are produced in a part of the nervous system called the innate releasing mechanism when it is triggered by a certain stimulus in the animal's environment. Fixed action patterns are particularly useful in ethology, which	본능은 자극에 대해 복합적이고 특정한 반응을 하게 하는 유전적이고 무의식적인 경향이다. 이러한 반응들은 고정 행동 유형이라고 불리는데, 이는 완료될 때까지 계속되는 바꿀 수 없는 일련의 행동이다. 그것은 동물의 환경에서 특정 자극에 의해 촉발될 때 생득적 방출 기제라 불리는 신경계의 일부에서 발생한다. 고정 행동 유형은 특히 동물행동학에서 유용한데, 동물행동학은 자연 상태에서의 동물의 행동을 객관적으로 연구하는 학문이다. 주요 목적은 무엇이 본능적인 행동이고 학습된 행동인지

is the objective study of animal behavior under natural conditions. The main goal is to study the most basic of animal behaviors to determine which are instinct and which are learned.

알아내기 위해 가장 기본적인 동물의 행동들을 연구하는 것이다.

Listening Script AT01_3Q

All animals have instinctual reactions to stimuli in their environment, including humans. Not only that, but you will almost always complete certain sequences of behavior, regardless of whether stimuli really existed or not. We refer to such responses to stimuli as fixed action patterns.

Fixed action patterns are useful to organisms because they help ensure their survival. If they had to think about how they respond to every stimulus, they probably wouldn't last very long. For example, geese have displayed a fixed action pattern that helps them keep their young safe. If a goose sees an egg outside of its nest, it will leave the nest and roll the egg back in with its bill. The response is automatic, and once it has been initiated, the goose will complete the sequence. Even if the egg is taken away, it will continue moving toward the nest in the same position as though the egg were still there. Sometimes, a goose will attempt to move other round objects in this way, even ones that are larger than its eggs.

Toads also exhibit fixed action patterns when they are feeding. Toads cannot move their eyes in their sockets like humans do, so when they notice movement, their innate releasing mechanism makes an instant decision as to whether the movement was food, a predator, or nothing important. If it decides predator, the toad will try to escape. If it decides that it was food, the toad begins a sequence of behaviors. It turns to face the moving object, closes the gap between them, and aligns itself so that both eyes can see the prey. Then it strikes, swallows the food, and wipes

인간을 포함한 모든 동물은 환경의 자극에 대해 본능적인 반응을 합니다. 그뿐만 아니라, 여러분은 자극이 정말 존재하든 아니든 관계 없이 거의 언제나 특정한 일련의 행동을 완료하게 됩니다. 우리는 자극에 대한 그러한 반응을 고정 행동 유형이라고 부릅니다.

고정 행동 유형은 생명체의 생존 보장을 돕기 때문에 생명체에 유용합니다. 만약 생명체가 모든 자극에 어떻게 반응할 것인가 생각해야 한다면, 그들은 아마 오래 살지 못할 것입니다. 예를 들면, 거위들은 새끼들을 안전하게 지키도록 돕는 고정 행동 유형을 보입니다. 만약 거위가 둥지 밖에 있는 알을 보게 되면, 거위는 둥지를 떠나 부리로 알을 굴려 둥지로 가지고 옵니다. 이 반응은 자동적이며, 한 번 시작되면 거위는 그 과정을 완료하게 됩니다. 알이 없어진다 해도, 거위는 계속해서 아직 알이 있는 것처럼 같은 자세로 둥지 쪽으로 움직입니다. 때때로 거위는 이러한 방식으로 자신의 알보다도 더 큰 다른 둥근 물체를 움직이려고 시도합니다.

두꺼비 역시 먹이를 먹을 때 고정 행동 유형을 보입니다. 두꺼비는 인간들이 하는 것처럼 눈을 눈구멍 안에서 움직일 수가 없기 때문에, 움직임을 감지하면 그들의 생득적 방출 기제는 그 움직임이 먹이인지, 포식자인지, 아니면 그다지 중요하지 않은 것인지에 대한 즉각적인 판단을 내립니다. 만약 그것이 포식자라고 판단하면, 두꺼비는 도망가려 할 것입니다. 만약 그것이 먹이라고 판단되면, 두꺼비는 일련의 행동을 시작합니다. 두꺼비는 움직이는 물체를 마주보기 위해 몸을 돌리고 물체와의 사이를 좁힌 다음, 자신을 일직선으로 하여 먹이를 두 눈으로 볼 수 있도록 합니다. 그리고 나서 공격을 하고, 먹

its mouth with a front foot. However, even if the prey escaped, it will still complete the process, complete with wiping its mouth clean.

이를 삼킨 후, 앞발로 입을 닦아냅니다. 그러나 만약 먹이가 도망을 쳐도, 두꺼비는 입을 깨끗이 닦는 것으로 이 과정을 완료합니다.

📋 어휘

instinct n 본능 | **inheritable** adj 유전되는 | **stimuli** n (pl.) 자극들 | **fixed** adj 고정된 | **sequence** n 연달아 일어남, 연속, 순서 | **innate releasing mechanism** 생득적 방출 기제 | **be triggered by** 촉발되다, 유발되다 | **ethology** n 동물행동학 | **learned** adj 학습된 | **regardless of** ~와 관계없이 | **automatic** adj 자동의 | **be initiated** 시작되다 | **attempt** v 시도하다 | **toad** n 두꺼비 | **socket** n 푹 들어간 곳 | **predator** n 포식자 | **align** v 일직선으로 하다, 나란히 하다, 정렬하다 | **strike** v 공격하다

Question

🎧 AT01_3Q

The professor explains fixed action patterns by giving some examples. Explain how geese and toads demonstrate the topic in the reading passage.

교수는 몇 가지 예를 들어 고정 행동 유형을 설명한다. 거위와 두꺼비가 지문의 주제를 어떻게 입증하는지 설명하시오.

Sample Response

🎧 AT01_3A

The reading passage talks about fixed action patterns, which are unchangeable sequences of behavior that continue until they are completed. To explain this concept more clearly, the professor uses two examples. The first example is geese. If a goose sees an egg outside of its nest, it will roll the egg back into the nest; they even do this to other round objects. The second example is toads. Since they cannot move their eyes like humans do, they have to turn toward their prey when they want to catch it. After that, they strike, swallow the food, and wipe their mouth with a front foot—even if they missed. These two animals show how fixed action patterns ensure their survival by making them behave without consciousness.

지문은 고정 행동 유형에 대해 이야기하는데, 그것은 완료될 때까지 계속되는 바꿀 수 없는 일련의 행동들이다. 이 개념을 더 명확히 설명하기 위해 교수는 두 가지 예를 사용한다. 첫 번째 예는 거위이다. 만약 거위가 둥지 밖에 있는 알을 보면, 거위는 알을 둥지로 굴려온다. 거위들은 이러한 행동을 다른 둥근 물체에게도 한다. 두 번째 예는 두꺼비이다. 두꺼비는 사람처럼 눈을 움직일 수 없기 때문에, 먹이를 잡고자 할 때 먹이 쪽으로 몸을 돌려야 한다. 그 이후, 그들은 공격을 하고 먹이를 삼킨 후 앞발로 입을 닦는데, 놓쳤더라도 그렇게 한다. 이 두 동물들은 어떻게 고정 행동 유형이 동물들로 하여금 무의식적으로 행동하게 함으로써 그들의 생존을 보장하는지를 보여준다.

Task 4

Many organisms live in areas where there is little to no precipitation for extended periods. In order to survive in such harsh environments, these animals have developed various techniques to conserve their bodily moisture.

Like many other species, snails will often go dormant during such periods. They are extremely sensitive to moisture, and prefer wet habitats. However, simply retreating into their shells and waiting is not enough to ensure their survival. Instead, they secrete a mucous covering over the opening of their shell called an epiphragm. This layer keeps them from drying out, and is often used to stick them to walls or trees if the ground is too hot to stay on.

In some cases, the layer will also contain a large amount of calcium carbonate, the same material that their shells are made from. This makes the covering tough and rigid, allowing them to hibernate for a long time. It also serves to protect them from predators. The covering has a small opening in it that allows the snail to keep breathing. When precipitation increases, the snail will shed the epiphragm and become active again.

많은 생물들이 오랜 기간 동안 강수량이 적거나 아예 없는 지역에서 살고 있습니다. 이렇게 가혹한 환경에서 살아남기 위해 이 동물들은 체내 수분을 보존하기 위한 다양한 기술들을 발전시켰습니다.

다른 많은 종들처럼 달팽이들도 이러한 기간 동안 종종 휴면 상태에 들어갑니다. 이들은 수분에 엄청나게 민감하며 습기가 있는 서식지를 선호합니다. 그러나 그저 껍데기 안에 들어가 기다리는 것은 생존을 보장하기에 충분하지 않죠. 대신 그들은 껍데기 구멍에 동개(epiphragm)라고 불리는 점액질 막을 분비합니다. 이 막은 달팽이가 말라붙지 않도록 도와주며 종종 지면이 있기 힘들 정도로 뜨거워지면 달팽이가 벽이나 나무에 붙을 수 있도록 하는 데에도 사용됩니다.

어떤 경우 이 막은 또한 많은 양의 탄산칼슘을 함유하는데, 이 탄산칼슘은 달팽이의 껍데기와 같은 재료입니다. 이것이 그 막을 강하고 단단하게 만들어서 달팽이들이 오랜 시간 동안 동면을 할 수 있게 해줘요. 포식자들로부터 달팽이들을 지켜주는 역할도 하죠. 그 막에는 작은 구멍이 있어서 달팽이가 숨을 쉴 수 있게 합니다. 강수량이 늘면 달팽이들은 동개를 벗어버리고 다시 활동적인 상태가 됩니다.

🔖 어휘

precipitation n 강수량 | **extended period** 장기간 | **harsh** adj 가혹한, 혹독한 | **conserve** v 보존하다, 아끼다 | **go dormant** 휴면에 들어가다 | **retreat** v 물러서다, 도피하다 | **shell** n 껍질 | **secrete** v 분비하다 | **mucous** adj 점액질의 | **epiphragm** n 동개 | **calcium carbonate** 탄산칼슘 | **rigid** adj 단단한, 뻣뻣한 | **hibernate** v 동면하다 | **shed** v 벗다

In the lecture, the professor describes how snails go dormant to survive in a dry environment. Explain the features of a snail that help it survive in areas with little to no precipitation for extended periods.

강의에서 교수는 달팽이들이 건조한 환경에서 생존하기 위해 어떻게 휴면 상태에 들어가는지 설명한다. 오랜 기간 동안 강수량이 적거나 아예 없는 지역에서 달팽이들이 생존할 수 있도록 돕는 달팽이의 특징을 설명하시오.

In the lecture, the professor talks about the mucous covering that snails make over the opening of their shells called an epiphragm. He explains how they use this to survive in the areas with little to no precipitation for a long time. When it is dry, snails secrete an epiphragm to keep themselves wet. Also, it is used for sticking to walls or trees to avoid the hot ground surface. To survive in harsh environments, snails often include calcium carbonate in the epiphragm to make it stronger when they go dormant. This covering has a small opening, which allows the snail to breathe.

강의에서 교수는 달팽이들이 껍데기의 구멍 위로 만들어 내는 동개라고 불리는 점액질의 막에 대해 이야기한다. 그는 달팽이들이 오랫동안 강수량이 적거나 없는 지역에서 어떻게 이것을 사용하여 생존하는지 설명한다. 건조해지면 달팽이들은 동개를 분비하여 자신을 촉촉하게 유지한다. 또한, 뜨거운 지면을 피하기 위해 벽이나 나무에 붙는 데에도 사용된다. 혹독한 환경에서 살아남기 위해 달팽이들은 휴면 상태에 들어갈 때 종종 동개에 탄산칼슘을 함유시켜 동개를 더 단단하게 만든다. 이 막에는 작은 구멍이 있어 달팽이가 숨을 쉴 수 있도록 해 준다.

Actual Test 01

Actual Test 02

본서 I P. 90

Task 1

Question

 AT02_1Q

Some students prefer to work on class assignments by themselves. Others believe it is better to work in groups. Which do you prefer? Give specific details and examples to explain your answer.

어떤 학생들은 수업 과제를 혼자 하는 것을 선호한다. 다른 학생들은 그룹으로 작업하는 것이 더 좋다고 생각한다. 어느 것을 더 선호하는가? 답변을 설명하기 위해 구체적인 이유와 예시를 제시하시오.

Sample Response 1

 AT02_1A

To me, working alone is preferable to working in a group. Ultimately, working alone fits my personality better. I am introverted, so I tend to work with my internal thoughts better than with the thoughts of others. In much the same way, most of my class notes and the notes I take in my textbooks are very personalized. I know exactly where they are located, and I actually take notes according to how I want to study. In other words, everything I do in school is highly individualized, and it just wouldn't work with others in the picture. I also tend to study very late at night because I am kind of a night owl, which makes it hard to study with others.

나에게는 혼자 작업하는 것이 그룹으로 작업하는 것보다 낫다. 궁극적으로 혼자 작업하는 것이 내 성격에 더 잘 맞는다. 나는 내성적인 성격이라서 다른 사람의 생각과 함께하는 것보다 내 내부 생각으로 작업하는 것이 더 편하다. 마찬가지로, 내 수업 필기와 교재 필기 대부분은 매우 개인화되어 있다. 어디에 위치해 있는지 정확히 알고 있으며, 내가 공부하고 싶은 방식에 따라 필기한다. 다시 말해, 학교에서 하는 모든 것이 고도로 개별화되어 있어서 다른 사람과 함께하기에는 맞지 않을 것이다. 또한 나는 약간 올빼미형이라서 밤늦게 공부하는 경우가 많은데, 이것은 다른 사람과 공부하기 어렵게 만든다.

Sample Response 2

 AT02_1A

I personally enjoy studying in groups and prefer it to studying alone. There are so many advantages. First, not only do you gain information and data from others, but group study also becomes an opportunity to challenge and enhance your own ideas. Working in groups is also more fun. Oftentimes, my study group takes breaks

나는 개인적으로 그룹으로 공부하는 것을 즐기며, 혼자 공부하는 것보다 선호한다. 너무나 많은 장점이 있다. 첫째로, 다른 사람들로부터 정보와 데이터를 얻을 수 있을 뿐만 아니라, 그룹 공부는 자신의 아이디어에 도전하고 향상시킬 기회가 되기도 한다. 또한 그룹으로 공부하는 것이 훨씬 더 재미있다. 종종 제 스터디 그룹은 함께 쉬면서 간식을 먹

10 PAGODA TOEFL Actual Test Speaking

together and has some snacks, and after we're done studying, we go get dinner together or watch a movie. In many ways, group study makes studying into a fun event. This enjoyable aspect motivates me to study, especially when I don't want to.

고. 공부가 끝나면 저녁을 먹거나 영화를 보러 가기도 한다. 여러 면에서 그룹 공부는 공부를 즐거운 행사로 만들어준다. 이런 즐거운 측면은 특히 공부하고 싶지 않을 때 나에게 공부할 동기를 부여한다.

📘 어휘

preferable adj 더 바람직한 | **ultimately** adv 결국 | **introverted** adj 내성적인 | **internal** adj 내부의 | **personalized** adj 개인화된 | **individualized** adj 개별화된 | **night owl** 올빼미형 인간 | **advantage** n 장점 | **opportunity** n 기회 | **challenge** v 도전하다 | **enhance** v 향상시키다 | **aspect** n 측면 | **motivate** v 동기를 부여하다

Task 2

Reading Passage

Providing Contact Info of Future Roommates to All Freshmen

Starting this fall semester, the university will supply all incoming freshmen with the contact information of their future roommates once they have been assigned. This new policy has been enacted to make their transition to university life smoother. Since freshmen are required to live in the dormitories for at least their first full year, who they will be sharing their room with is very important. This will allow them to get acquainted before they move in, and if necessary apply early for a new roommate. In addition, it will make the moving process easier since students will be able to decide who will provide what furnishings for the room.

모든 신입생에게 향후 룸메이트의 연락처 제공

이번 가을 학기부터 시작해서, 본 대학은 모든 신입생이 일단 기숙사를 배정받고 나면 앞으로의 룸메이트의 연락처를 제공할 것입니다. 이 새로운 정책은 그들이 대학 생활에 더욱 순조롭게 적응할 수 있도록 돕기 위해 제정되었습니다. 신입생들은 적어도 첫 해에는 기숙사 생활을 의무적으로 해야 하기 때문에, 누구와 함께 방을 쓰게 될 것인지가 아주 중요합니다. 이것은 학생들이 이사를 들어오기 전에 서로 알고, 필요할 경우 미리 새로운 룸메이트를 신청할 수도 있게 해 줄 것입니다. 더불어, 이를 통해 학생들끼리 방에 어떤 비품들을 누가 준비할지 결정할 수 있기 때문에 이사 과정이 더욱 용이해질 것입니다.

Listening Script

🎧 AT02_2Q

ⓦ I don't believe this.

ⓜ You don't believe what, Sally?

ⓦ Did you see this announcement on the school website about the new freshmen?

ⓕ 이건 말도 안 돼.

ⓜ 뭐가 말도 안 되는데, 샐리?

ⓕ 학교 웹사이트에 올라온 신입생에 대한 안내문 봤어?

M ▸ You mean the new policy about giving incoming freshmen contact information for their future roommates?

W ▸ Yes, that's the one.

M ▸ Yes, and I think it's a great idea. Like the notice says, they can get to know each other in advance, and they can avoid bringing the same things for their room.

W ▸ That's true, but what about the other part? You know, where it says that they can request a new roommate before the semester begins— won't that cause a lot of problems? I mean, think about it, these kids have never lived away from home, and the prospect of a strange roommate is scary. If they don't think that they will get along, they'll request a transfer right away. They are going to get a lot of requests.

M ▸ I see your point. That could make things difficult for the registrar's office.

W ▸ Not only that, but having to get along with your roommate is also part of the point. It's training you for the real world.

M ▸ That is also true. But, I think I know what is really bothering you. You wish they had done this when we were freshmen, too.

W ▸ No comment.

M ▸ 신입생에게 향후 룸메이트의 연락처를 제공한다는 새로운 정책 말하는 거야?

W ▸ 응, 그거 말이야.

M ▸ 응, 나는 좋은 아이디어인 것 같은데. 공지에 적혀있듯이, 신입생들이 사전에 서로에 대해 알아갈 수 있고, 자기들 방에 똑같은 물건들을 가져오지 않아도 되잖아.

W ▸ 그건 그렇지만, 다른 부분은 어떻게 할 건데? 있잖아, 학기가 시작되기 전에 새로운 룸메이트를 요청할 수 있다고 여기 나와 있는데, 그게 많은 문제를 일으키지 않겠어? 내 말은, 생각을 해 봐, 이 애들은 집을 떠나 살아 본 적이 없고, 낯선 룸메이트는 상상만 해도 무섭다고. 만약 그들이 서로 잘 지내지 못할 거란 생각이 든다면, 당장 방을 바꿔달라고 요구할 거야. 그런 요청이 엄청 많을 거야.

M ▸ 무슨 말인지 알겠어. 그럼 교무처가 아주 곤란해지겠구나.

W ▸ 그뿐만 아니라, 룸메이트와 잘 지내야 한다는 것 역시 중요한 부분이야. 그것은 학생들을 현실에 대비해서 훈련을 시키는 거잖아.

M ▸ 그것도 맞는 말이야. 하지만 너를 진짜 불편하게 만드는 것이 뭔지 알겠어. 우리가 신입생이었을 때도 이렇게 했으면 좋았겠다고 생각하는 거지.

W ▸ 대답 안 할 거야.

📖 어휘

be assigned 배정되다 | **be enacted** 제정되다 | **transition** n 이행, 변화, 전이 | **get acquainted** 알게 되다, ~와 아는 사이다 | **in advance** 사전에, 미리 | **prospect** n 예상, 가망 | **transfer** n 이동, 전환 | **registrar's office** 교무처

Question

🎧 AT02_2Q

The woman expresses her opinion about the school's new policy of providing contact information for future roommates to all freshmen. State her opinion and explain the reasons she gives for holding that opinion.

여자는 모든 신입생에게 향후 룸메이트의 연락처를 제공한다는 학교의 새로운 정책에 대한 자신의 의견을 표현하고 있다. 그녀의 의견이 무엇이며 그렇게 주장하는 이유가 무엇인지 설명하시오.

AT02_2A

The reading passage announces that the university is going to supply all freshmen with the contact information of their future roommates. This will let them get acquainted with each other in advance and help them apply for a new roommate earlier. Lastly, it can help the students furnish their rooms more efficiently. The woman disagrees with this policy. She says the school would just end up getting tons of requests regarding room transfer from students. Also, the woman says that the new policy does not teach students how to deal with difficult situations; in this case, their roommates.

지문에서는 대학 측이 모든 신입생에게 그들의 향후 룸메이트의 연락처를 제공할 것이라고 알리고 있다. 이는 사전에 학생들이 서로에 대해 알아갈 수 있게 해줄 것이며, 새로운 룸메이트를 더 일찍 신청할 수 있도록 도울 것이다. 마지막으로 학생들이 자신의 방에 가구를 더욱 효율적으로 들여놓을 수 있도록 도울 것이다. 여자는 이 정책에 동의하지 않는다. 그녀는 결국 학교 측에 방을 바꿔달라는 학생들의 요청이 폭주하게 될 것이라고 말한다. 또한 그녀는 새로운 정책이 학생들에게 이 경우의 룸메이트처럼 어려운 상황에 대처하는 법을 가르쳐 주지 못한다고 말한다.

Task 3

Reading Passage

Experimental Archaeology

The ultimate goal of archaeology is to understand how the people in past societies lived, worked, and died. Scientists do this by examining artifacts like ruins, tools, trash heaps, and burials. However, in order to gain a more complete picture, they sometimes take things a step further with experimental archaeology. They reproduce old weapons and tools to test their effectiveness, recreate old structures using contemporary building techniques and materials, and even replicate the clothing and diets of bygone cultures. This hands-on branch of study serves to test our theories about the past.

실험고고학

고고학의 궁극적 목적은 과거 사회의 사람들이 어떻게 살고, 일하고, 죽었는가를 이해하는 것이다. 과학자들은 건물 잔해, 도구들, 쓰레기 더미, 그리고 매장터와 같은 유물을 검토함으로써 이러한 연구를 한다. 그러나 더 완벽한 그림을 얻기 위해, 그들은 때때로 실험고고학으로 한발 더 나아간다. 그들은 효율성을 시험하기 위해 오래된 무기와 도구들을 다시 만들어 내고, 현재의 건축 기술과 재료를 가지고 오래된 구조물을 재건하고, 옛 문화의 복장과 음식을 복제하기도 한다. 이러한 실천적인 연구 분야는 과거에 대한 우리의 이론을 검증해 보는 역할을 한다.

Listening Script

 AT02_3Q

When archaeologists develop a theory about a past society, they sometimes decide to test it out in the real world with experimental archaeology. By using the techniques and technologies

고고학자들은 과거의 사회에 관해 하나의 이론을 발전시킬 때 때때로 실험고고학으로 현실 세계에서 그것을 검증해보기로 결정합니다. 과거의 사람들이 이용 가능했던 기법이나 기술을 이용해 그 이론이

available to people in the past, they conduct experiments that prove whether the theory is actually plausible. Thor Heyerdahl is famous for using this method.

In the 1940s, Norwegian explorer and writer Thor Heyerdahl wanted to figure out how people came to settle on tiny Easter Island. Inspired by native legends that suggested contact between the Pacific Islanders and South America, and encouraged by drawings and old reports made by the Spanish conquistadores, he developed his own theory. He believed that members of South American tribes had set out across the vast Pacific Ocean on rafts and eventually settled on the island. To prove his theory, Heyerdahl decided to construct his own raft using only materials and techniques that would have been available to the ancient people of South America. The raft he built was constructed mainly from balsa logs, bamboo, hemp ropes, and banana tree foliage. It had a mast with a sail and a crew cabin located behind it. No metal was used in the raft's construction.

Although some of the supplies and navigational equipment they carried were modern, Heyerdahl and his crew also carried water stored in sealed bamboo poles and local fruit to try to replicate the past as accurately as possible. The raft, which he called Kon-Tiki, set sail from Callao, Peru on April 28, 1947. Heyerdahl and his crew of five followed the Humboldt Current for 101 days, travelling at around 3 kilometers per hour. They eventually struck a reef in the Tuamotu island group 6,980 kilometers from their starting point. While his voyage did not conclusively prove that the inhabitants of Easter Island came from South America, it did prove that it was at least technically feasible that they could have.

실제로 타당한지 아닌지 증명하는 실험을 진행하죠. 토르 헤위에르달이 이 방법을 사용하는 것으로 유명합니다.

1940년대에 노르웨이의 탐험가이자 작가인 토르 헤위에르달은 아주 작은 이스터 섬에 어떻게 사람들이 정착하게 되었는지 알아내고자 했습니다. 그는 태평양 제도민과 남아메리카 사이의 접촉을 암시하는 원주민 전설에서 영감을 받았고, 스페인 정복자들의 스케치와 오래된 기록에 고무되어 자신만의 이론을 발전시켰습니다. 그는 남아메리카 부족민들이 뗏목을 타고 출발하여 거대한 태평양을 건너고 마침내 그 섬에 정착했다고 믿었습니다. 자신의 이론을 증명하기 위해 헤위에르달은 고대 남아메리카 사람들이 사용할 수 있었을 재료와 기술만을 사용하여 자신만의 뗏목을 만들기로 결심했습니다. 그가 만든 뗏목은 주로 발사 통나무, 대나무, 마로 된 밧줄, 그리고 바나나 나뭇잎으로 만들어졌습니다. 그것에는 돛이 달린 돛대가 있었고 그 뒤에는 선원실이 위치해 있었습니다. 뗏목 건조에는 어떠한 금속도 사용되지 않았습니다.

비록 공급품의 일부와 항해 장비는 현대적인 것이었지만, 과거를 최대한 정확하게 재현하기 위해 헤위에르달과 그의 선원들은 밀봉된 대나무 막대기에 저장된 물과 현지 과일을 가지고 갔습니다. 그가 콘티키라고 부른 그 뗏목은 1947년 4월 28일 페루의 칼라오에서 항해를 시작했습니다. 헤위에르달과 그의 다섯 명의 선원들은 101일 동안 훔볼트 해류를 따라갔고, 한 시간에 약 3킬로미터를 항해했습니다. 그들은 마침내 출발 지점에서 6,980킬로미터 떨어진 투아모투 제도의 암초에 닿았습니다. 비록 그의 항해가 결정적으로 이스터 섬의 주민들이 남아메리카에서 왔다는 것을 증명하지는 못했지만, 그랬을 수도 있다는 것이 적어도 기술적으로는 실현 가능한 일이라는 점을 증명했습니다.

ultimate adj 궁극적인 I **artifact** n 유물 I **ruins** n (pl.) 건물 잔해, 폐허 I **heap** n 더미 I **take a step further** 한 단계 더 진척시키다 I **replicate** v 복제하다 I **bygone** adj 지나간, 옛날의 I **hands-on** adj 직접 해 보는, 실천적인 I **inspired by** ~에서 영감을 받아 I **conquistador** n 스페인 정복자 I **set out** 출발하다 I **raft** n 뗏목 I **balsa log** 발사 통나무 I **hemp** n 삼 I **foliage** n 나뭇잎 I **navigational equipment** 항해 장비 I **set sail** 출항하다 I **reef** n 암초 I **conclusively** adv 결정적으로 I **feasible** adj 실현 가능한

Question 🎧 AT02_3Q

The professor explains experimental archaeology by giving an example. Explain how the example demonstrates the topic in the reading passage.	교수는 한 가지 예를 들어 실험고고학을 설명한다. 그 예가 지문의 주제를 어떻게 입증하는지 설명하시오.

Sample Response 🎧 AT02_3A

The reading passage talks about experimental archaeology, which is when archaeologists reproduce old tools, structures, materials, etc. to test theories about the past. A well-known example of experimental archaeology was conducted by Thor Heyerdahl. He developed a theory that members of South American tribes crossed the Pacific Ocean on rafts and eventually settled on Easter Island. To test this, his team built a raft constructed from bamboo and other materials that were available at the time. They even carried water in sealed bamboo poles and local fruits to replicate the past accurately. Heyerdahl and his team travelled almost 7,000 kilometers. His experiment was able to prove that it was technically possible for South Americans to have traveled to Easter Island.	지문은 실험고고학에 대해 이야기하는데, 그것은 고고학자들이 과거에 관한 이론을 검증하기 위해 옛 도구와 건축물, 재료를 재생산하는 것이다. 실험고고학의 잘 알려진 예는 토르 헤위에르달에 의해 시행되었다. 그는 남아메리카의 부족민들이 뗏목을 타고 태평양을 건너 마침내 이스터 섬에 정착했다는 이론을 세웠다. 이를 검증하기 위해, 그의 팀은 당시에 사용 가능했던 대나무와 다른 재료들로 뗏목을 만들었다. 그들은 과거를 정확히 재현하기 위해 밀봉된 대나무 막대기에 넣은 물과 현지 과일을 가지고 갔다. 헤위에르달과 그의 팀은 거의 7,000 킬로미터를 여행하였다. 그의 실험은 남아메리칸들이 이스터 섬으로 건너간 것이 기술적으로 가능하다는 것을 증명할 수 있었다.

Task 4

Listening Script 🎧 AT02_4Q

The General Sherman is the largest tree in the world. It is an example of the sequoia family. Sequoia trees are not only the tallest trees in the	'셔먼 장군'은 세상에서 가장 큰 나무입니다. 그것은 세쿼이아 종의 한 예입니다. 세쿼이아 나무는 세상에서 가장 큰 나무일 뿐 아니라, 수천 년을 살아온

world, but they are also some of the oldest, living for thousands of years. How are they able to live so long and grow so tall? Well, these trees have some adaptations that allow them to reach such towering achievements.

Firstly, they have an incredible root system. Since they live on the west coast of the United States, mostly in California and parts of Oregon, they are constantly subjected to wind, and wind is the enemy of trees. Big storms can uproot trees, pulling them completely out of the ground, which means death for the trees. Sequoias, however, have roots that plunge up to seven meters straight down into the soil. In addition, their roots also spread out horizontally, often intertwining with the roots of their neighboring trees. This extensive network of roots makes these giant trees very stable and allows them to resist most wind.

The next most significant threat that sequoias have to deal with is insects. Like many other plants, they employ a chemical that deters insects from feeding on them called tannin. Tannin is an astringent chemical, which means that it causes the mucous membranes to contract when they come into contact with it. Sequoias, much like other evergreen trees, have very high tannin content, making them unpalatable to insects. Basically, they taste very bitter, so the insects don't like to eat them. Together, these adaptations have allowed the sequoia to become the giants that they are.

가장 오래된 나무이기도 합니다. 어떻게 그들은 그렇게 오래 살며, 그렇게 클 수가 있을까요? 음, 이 나무들은 몇 가지 적응을 하고 그렇게 뛰어난 성장을 달성했습니다.

첫째, 그 나무들은 놀라운 뿌리 체계를 가지고 있습니다. 그 나무들은 미국의 서해안, 주로 캘리포니아와 오리건주 일부 지역에 서식하기 때문에 바람의 영향을 지속적으로 받게 되는데, 바람은 나무들의 적입니다. 큰 태풍은 나무를 땅에서 완전히 뽑아내고 뿌리뽑을 수 있으며 이것은 나무의 죽음을 의미하죠. 그러나 세쿼이아는 토양 속에 7미터까지 파고드는 뿌리를 가지고 있습니다. 게다가, 그 뿌리들은 수평으로도 퍼져서 종종 이웃하는 나무들의 뿌리와 얽힙니다. 이 광대한 뿌리망은 이 큰 나무들을 매우 안정적으로 만들고 대부분의 바람에 잘 견딜 수 있게 해 줍니다.

세쿼이아가 해결해야 하는 다음으로 중요한 문제는 곤충입니다. 다른 많은 식물들과 같이, 그들은 곤충들이 자신을 먹지 못하도록 막는 타닌이라는 화학 물질을 이용합니다. 타닌은 수렴성의 화학 물질인데, 이는 그것과 접촉하면 점막이 수축하게 된다는 의미입니다. 다른 상록수들처럼 세쿼이아는 타닌 함량이 매우 높아서 곤충의 입맛에 맞지 않습니다. 기본적으로 그것은 매우 쓴 맛이 나서 곤충이 그것을 먹으려 하지 않습니다. 이러한 적응이 합쳐져서 세쿼이아는 지금처럼 크게 자랄 수 있게 된 것입니다.

어휘

sequoia ⓝ 세쿼이아(키가 아주 큰 상록수) | adaptation ⓝ 적응 | towering adj 뛰어난, 우뚝 솟은 | incredible adj 놀라운 | root system 근계, 뿌리 체계 | uproot ⓥ 뿌리뽑다 | plunge ⓥ 잠기다, 가파르게 내려가다 | horizontally adv 수평으로 | intertwine ⓥ 뒤얽히다 | extensive adj 광대한, 광범위한 | resist ⓥ 잘 견디다, 저항하다 | employ ⓥ 이용하다 | deter ⓥ 그만두게 하다, 막다 | tannin ⓝ 타닌 | astringent adj 수렴성의 | mucous membrane 점막 | contract ⓥ 수축하다 | unpalatable adj 입에 맞지 않는, 맛이 없는

Question

In the lecture, the professor describes the General Sherman, the largest tree in the world. Explain the features of this tree that let it live long and grow tall.

강의에서 교수는 세상에서 가장 큰 나무인 '셔먼 장군'에 대해 서술한다. 이 나무가 오래 살고 크게 자라도록 하는 이 나무의 특징들을 설명하시오.

Sample Response

In the lecture, the professor talks about the General Sherman, the largest tree in the world. It is a type of sequoia tree. She gives two reasons why sequoia trees live so long and grow so tall. The first reason is that sequoia trees have an incredible root system. Since they mostly grow in windy regions, they have roots that are up to seven meters long. To help resist wind, their roots also spread out horizontally. The second reason is that sequoias have a chemical that deters insects from feeding on them. This chemical is called tannin and tastes very bitter, so insects avoid sequoia trees. These two adaptations allow sequoia trees to live long and grow tall.

강의에서 교수는 세상에서 가장 큰 나무인 '셔먼 장군'에 대해 이야기한다. 그것은 세쿼이아 나무 종류이다. 그녀는 세쿼이아 나무가 그토록 오래 살고 크게 자라는 이유를 두 가지 든다. 첫 번째 이유는 세쿼이아 나무가 놀라운 뿌리 체계를 가지고 있다는 것이다. 그들은 바람이 많이 부는 지역에서 자라기 때문에 길이가 7미터나 되는 뿌리를 가지고 있다. 바람에 잘 견디는 것을 돕기 위해 뿌리는 수평으로도 퍼져나간다. 두 번째 이유는 세쿼이아가 곤충이 나무를 못 먹도록 막는 화학 물질을 가지고 있다는 것이다. 이 화학 물질은 타닌이라 불리며 매우 쓴 맛이 나기 때문에 곤충들은 세쿼이아 나무를 피한다. 이러한 두 가지 적응이 세쿼이아 나무가 오래 살고 크게 자라도록 해 준다.

Actual Test 03

본서 | P. 100

Task 1

Question

Some people believe that artistic ability is something that you have to be born with. Others think that artistic talent can be learned. Which idea do you agree with? Please include specific details in your explanation.	어떤 사람들은 예술적 재능이 타고나야 하는 것이라고 생각한다. 다른 사람들은 예술적 재능이 학습될 수 있는 것이라고 생각한다. 당신은 어느 쪽의 생각에 동의하는가? 설명에 구체적인 세부 사항을 포함하시오.

Sample Response 1   AT03_1A

I agree with the people who say that ability is something artists are born with. I have two reasons to support my opinion. Firstly, almost anyone can learn to play a musical instrument, but there are always people who learn faster and perform better even though they spent the same amount of time as others did. Secondly, there are thousands of musicians who never become successful. This is not just because of the state of the music industry; rather, it has more to do with being able to connect with people through music. Creativity must come from within. For these reasons, I believe that people must be born with artistic ability.	나는 예술가들이 능력을 타고난다고 말하는 사람들에 동의한다. 내 의견을 뒷받침할 두 가지 이유가 있다. 첫째, 거의 누구나 악기 연주를 배울 수 있지만, 다른 사람들과 똑같은 양의 시간을 쓰고도 더 빠르게 배우고 더 잘 연주하는 사람들이 항상 있다. 둘째, 성공하지 못하는 수천 명의 음악가들이 있다. 이것은 음악 산업의 사정 때문만은 아니다. 그보다는 음악을 통해 사람들과 연결될 수 있는 능력과 관련이 있다. 창의력은 반드시 내부에서 와야 한다. 이러한 이유로, 나는 사람들은 예술적 재능을 타고나야 한다고 생각한다.

Sample Response 2   AT03_1A

I agree with the opinion that artistic talent can be learned. I have two reasons to support my opinion. Firstly, I used to play the piano when I was young. I was not good at playing the piano at first, so I thought about giving up, but I practiced diligently every single day. The teacher said that my skill improved rapidly. And after playing for a few years, I was able to win 2nd place in the district	나는 예술적 재능이 학습될 수 있다는 의견에 동의한다. 내 의견을 뒷받침할 두 가지 이유가 있다. 첫째, 나는 어렸을 때 피아노를 쳤다. 처음에는 연주가 서툴러서 포기하려고 생각했지만, 나는 매일 열심히 연습을 했다. 선생님은 내 기술이 빠르게 향상했다고 말했다. 그리고 몇 년간 피아노를 친 이후 나는 지역 경연대회에서 2등을 할 수 있었다. 둘째, 나는 재능이 있었지만 인내와 연습 부족 때문에 재

competition. Secondly, I always hear stories about people who had talent but wasted it because of their lack of patience and learning. Compared to them, the people who never stopped learning continued to grow and eventually played better. For these reasons, I believe that artistic talent can be learned.

능을 낭비해 버린 사람들에 대한 이야기를 항상 듣는다. 그들과 비교해서, 배우기를 멈추지 않은 사람들은 성장을 계속했고 결국에는 더 잘 연주할 수 있게 되었다. 이러한 이유로, 나는 예술적 재능이 학습될 수 있다고 생각한다.

📝 어휘

be born with 타고나다 | **creativity** ⓝ 창의력, 창조성 | **diligently** 교ᵈⱽ 부지런히, 열심히

Task 2

Reading Passage

Athletes-Only Gym

Since the addition of the women's and men's football teams, there is a serious lack of training facilities. The university's athletic teams usually work out together, so they need plenty of space and equipment to do so. Unfortunately, this means that athletes have to compete for space with other students that are exercising. We understand that everyone needs to exercise to stay healthy, but if athletes cannot exercise regularly, they cannot compete. Therefore, we recommend that an athletes-only gym be established. The old science hall has extensive plumbing and other features that would make it an ideal building to convert.

Sincerely,

Terry Hawkes

운동선수 전용 체육관

여자와 남자 축구팀이 생기면서 훈련 시설에 심각한 부족이 발생했습니다. 대학의 운동 팀들은 보통 함께 운동을 하기 때문에, 그렇게 하기 위한 많은 공간과 기구를 필요로 합니다. 불행히도 이것은 운동선수들이 운동하는 다른 학생들과 공간을 두고 경쟁해야 한다는 뜻입니다. 우리는 모든 사람이 건강을 유지하기 위해 운동할 필요가 있다는 것을 이해하지만, 만약 운동선수들이 규칙적으로 운동할 수 없다면, 그들은 경쟁할 수 없습니다. 따라서, 운동선수 전용 체육관 설립을 추천합니다. 오래된 과학 홀은 대규모의 배관 시설과 다른 기능들을 가지고 있어서 개조하기에 이상적인 건물입니다.

테리 호크스 드림

Listening Script

 AT03_2Q

ⓦ Oh, I don't believe this!

ⓜ What? What's going on?

ⓦ Did you read this proposal in the campus newspaper?

ⓕ 오, 말도 안 돼!

ⓝ 뭐야? 무슨 일인데?

ⓕ 캠퍼스 신문에 실린 이 제안 읽어 봤니?

M About the exercise facilities? Yes, I thought he raised some valid points.	운동 시설에 관한 것 말이야? 응. 내 생각엔 그 사람이 맞는 말을 한 것 같아.
W That may be, but why should we spend more money on the athletic teams than we already do? They use up a huge amount of the budget as it is.	그럴 수도 있지. 하지만 왜 우리가 지금보다 더 많은 돈을 운동 팀에 써야 하는 거지? 그들은 지금도 엄청난 양의 예산을 쓰고 있어.
M Yes, I know. But, he did propose that they renovate the old science hall into a gym. It used to have the pre-med classrooms in it, so there are already showers and other facilities that they can use. It shouldn't be too difficult to convert it.	응. 나도 알아. 하지만 그는 오래된 과학 홀을 체육관으로 개조할 것을 제안했어. 거기에는 원래 의과대 의예과 교실들이 있었기 때문에 이미 사용 가능한 샤워 시설과 다른 시설들이 있어. 개조하는 게 그렇게 어렵지는 않을 거야.
W That will help some, I guess. But, they would still have to buy all new exercise equipment for it. Not only that, but they are still going to have to share the facilities with each other. Do you know how many teams our school has now?	그게 좀 도움이 되기야 하겠지. 하지만 그걸 위해 모든 새로운 운동 기구들을 사야 할 거야. 그뿐 아니라, 그들은 여전히 그 시설들을 서로 공유해야 할 거라고. 넌 우리 학교에 얼마나 많은 팀이 있는지 알고 있니?
M No, over ten?	아니, 10개 넘어?
W Easily, and their seasons overlap, so they are still going to have problems.	쉽게 넘지. 그리고 그들의 시즌은 겹치기 때문에 여전히 문제가 생길 거야.
M I suppose, but look at it this way. If the athletes all go there to work out, you won't have to wait in line as much for equipment or to take a shower.	그럴 수도 있지만, 이렇게 생각해 봐. 만약 운동선수들이 모두 거기로 가서 운동을 하면 넌 운동 기구를 사용하거나 샤워를 하기 위해 줄 서서 기다릴 필요가 없어질 거야.
W True, but I still don't like how much special treatment they get.	맞아. 하지만 난 여전히 그들이 그렇게 특별 대우를 받는다는 게 싫어.

📖 어휘

athletic adj 운동 경기의, 육상의 | **work out** 운동하다 | **athlete** n 운동선수 | **compete** v 경쟁하다 | **extensive** adj 대규모의 | **valid** adj 타당한 | **overlap** v 겹치다

Question

 AT03_2Q

The woman expresses her opinion about establishing an athletes-only gym. State her opinion and explain the reasons she gives for holding that opinion.

여자는 운동선수 전용 체육관 설립에 대한 자신의 의견을 표현하고 있다. 그녀의 의견이 무엇이며 그렇게 주장하는 이유가 무엇인지 설명하시오.

The woman does not like the idea suggested in the reading passage, which said that establishing an athletes-only gym would be beneficial for both athletes and students. Since there are so many people in the gym, people have to wait in lines to use the equipment. The woman opposes the suggestion because she thinks the school is already spending too much money on the athletic teams. Also, since there are many teams, even if an athletes-only gym were established, the athletes would still have to share exercise equipment there. These are the reasons why the woman thinks establishing an athletes-only gym is not a good solution.

여자는 지문에서 제안된 아이디어를 마음에 들어하지 않는데, 그것은 운동선수 전용 체육관을 짓는 것이 운동선수와 학생들 모두에게 이로울 것이라고 말한다. 체육관에 사람들이 너무 많기 때문에 사람들은 기구를 이용하기 위해 줄을 서서 기다려야 한다. 여자는 학교에서 이미 너무 많은 돈을 운동 팀에 쓰고 있다고 생각하기 때문에 그 제안에 반대한다. 또한, 팀들이 많기 때문에, 운동선수 전용 체육관을 짓는다 하더라도 운동선수들은 운동 기구를 공유해야 할 것이다. 이것이 여자가 운동선수 전용 체육관을 짓는 것이 좋은 해결책이 아니라고 생각하는 이유이다.

Task 3

Reading Passage

Familiarity Principle

People tend to prefer things just because they are familiar to them, even if that familiarity is only slight. This phenomenon is referred to as the familiarity principle or exposure effect, and it can occur with any form of stimuli, although it is often associated with vision. If presented with two similar items, one of which they have been exposed to either consciously or unconsciously, most people will choose the more familiar item. What makes this tendency interesting is that it has no logical basis. Simply because we have seen a person a few times does not mean that they are any more reliable than a stranger, but we feel that way because we "know" them.

친숙성 원리

사람들은 단지 친숙하다는 이유로 무언가를 선호하는 경향이 있다. 그 친숙함이 아주 조금일지라도 그렇다. 이 현상은 친숙성 원리 또는 노출 효과로 불리며, 이것은 보통 시각과 연관되어 있지만 어떠한 형태의 자극으로도 발생할 수 있다. 만일 두 개의 비슷한 물건이 주어지고, 그 중 하나가 의식적으로든 무의식적으로든 그들에게 노출이 된 것이라면, 대다수의 사람들은 더 익숙한 물건을 선택하게 된다. 이러한 경향이 흥미로운 이유는 그것에 어떠한 논리적인 기반도 없다는 것이다. 단지 어떤 사람을 몇 번 봤다는 것이 그 사람이 낯선 사람보다 더 믿을 만하다는 것을 뜻하지 않지만, 우리는 그 사람을 '알기' 때문에 그렇게 느낀다.

Despite how illogical it seems, the familiarity principle is a genuine phenomenon that has been studied and proven by scientists. Gustav Fechner carried out the earliest research on it in 1876, and he documented the effect, which he described as the "glow of warmth" that we feel when exposed to something familiar. His work was largely discredited, but it inspired other scientists to explore the phenomenon.

The most famous of these is Robert Zajonc, who conducted exhaustive experiments with both animals and humans. In an early experiment, he tested the familiarity principle using fertilized chicken eggs. Before the eggs hatched, they were divided into two groups. Each group was exposed to a different frequency tone while still in their eggs. After hatching, the two groups were exposed to both tones, and each group was more attached to the tone they heard while in their shells.

He also conducted an experiment where he showed people meaningless Chinese characters. Again, participants were divided into two groups and shown different characters. Remember, these characters had no actual meaning. However, in the next stage, he showed them sets of characters that included the previous ones and said that they were adjectives. He then asked the participants to rate whether they thought each symbol adjective was more positive or negative. And guess what happened, the individuals consistently rated the familiar characters more positively.

Advertisers depend on this effect. Think about when you are surfing the Internet. How many banner ads do you see? Scientists also conducted an experiment where college students were asked to read an article while banner ads flashed at the top of the screen. When they were

비논리적으로 보임에도 불구하고 친숙성 원리는 과학자들이 연구하고 증명한 진짜 현상입니다. 구스타프 페히너는 1876년에 이것에 대해 가장 처음으로 연구를 수행했고 그 효과를 기록했는데, 그는 그것을 우리가 익숙한 것에 노출될 때 느끼는 '따뜻한 느낌'이라고 묘사했습니다. 그의 연구는 대체로 신빙성을 잃었지만, 다른 과학자들이 그 현상에 대해서 더 연구할 수 있게끔 동기부여를 해 주었습니다.

그들 중 가장 유명한 사람은 로버트 자욘스인데, 그는 동물과 사람 둘 다를 대상으로 철저한 실험을 했습니다. 초기 실험에서 그는 닭의 수정란을 사용해서 친숙성 원리를 시험했습니다. 달걀은 부화되기 전에 두 개의 그룹으로 나뉘어졌습니다. 각 그룹은 달걀 안에 있을 때 다른 주파수의 음에 노출되었습니다. 부화 후, 두 그룹을 두 개의 음에 모두 노출시키자, 각 그룹은 그들이 달걀 안에 있었을 때 들었던 음에 더 애착을 가졌습니다.

그는 사람들에게 의미가 없는 한자를 보여주는 실험을 했습니다. 이번에도 역시 실험 참가자들은 두 개의 그룹으로 나뉘었고 다른 한자를 보여주었습니다. 기억할 건 이 글자들에는 사실 아무 의미가 없었다는 것입니다. 하지만 그 다음 단계에서, 그는 그들에게 기존에 보여줬던 한자들을 포함한 한자 세트들을 보여주면서 그것들이 형용사라고 말했습니다. 그는 그리고 참가자들에게 어느 글자 형용사가 더 긍정적이고 부정적이라고 생각되는지 평가해 보라고 했습니다. 그리고 무슨 일이 일어났는가 하면, 각 사람은 일관되게 자신에게 더 익숙한 글자를 더 긍정적으로 평가했습니다.

광고주들은 이 효과에 의존합니다. 여러분이 인터넷 서핑을 하고 있다고 생각해 봅시다. 여러분이 보는 배너 광고는 몇 개가 되나요? 과학자들은 대학생들에게 화면 맨 위에 배너 광고들이 번쩍이고 있는 동안 기사를 하나 읽게 하는 실험을 또한 했습니다. 나중에 그들에게 광고들을 보여주었을 때, 그들

shown advertisements later, they consistently rated the ad for the same product or company that had been in the banner ad more highly.

은 배너 광고에서 보았던 동일한 제품 또는 회사의 광고를 일관되게 더 높이 평가했습니다.

🔖 어휘

familiarity n 친숙함, 친밀감 l **exposure** n 노출 l **stimuli** n (pl.) 자극 l **be associated with** ~와 관련되다 l **reliable** adj 믿을 수 있는 l **genuine** adj 진짜의 l **be discredited** 신빙성을 잃다 l **exhaustive** adj 철저한 l **fertilized egg** 수정란 l **consistently** adv 일관되게 l **frequency** n 주파수 l **hatching** n 부화 l **adjective** n 형용사 l **banner ad** 배너 광고 l **flash** v 휙 나타나다, 번쩍이다

Question

The professor explains familiarity principle by giving some examples. Explain how the examples demonstrate it.

교수는 몇 가지 예를 들어 친숙성 원리를 설명한다. 그 예들이 어떻게 그것을 입증하는지 설명하시오.

Sample Response

The reading passage explains the familiarity principle. This describes the situation when people tend to prefer things just because they are familiar to them. To illustrate this concept more clearly, the professor gives a few examples. The first example was an experiment conducted with chicken eggs. Before the eggs hatched, they were exposed to a certain frequency tone. After hatching, they still preferred the sound they used to hear while in their shells. The second example used participants that were shown Chinese characters that actually had no meaning. The researcher told them the characters were adjectives. After that, he showed them sets of characters that included the previous ones. When asked which symbols seemed to have more positive meanings, participants rated the familiar characters more positively.

지문은 친숙성 원리를 설명한다. 이는 사람들이 자신에게 친숙하다는 이유로 무언가를 선호하는 경향을 나타낸다. 이 개념을 더 명확하게 설명하기 위해, 교수는 몇 개의 예를 든다. 첫 번째 예는 달걀을 가지고 한 실험이었다. 달걀이 부화하기 전에, 그들은 특정 주파수의 음에 노출되었다. 부화 후, 그들은 달걀 안에 있었을 때 들었던 소리를 여전히 선호했다. 두 번째 예는 참가자들에게 사실 아무 의미가 없는 한자를 보여주었다. 연구원은 그들에게 그 글자들이 형용사라고 말해주었다. 그리고 그들에게 기존의 글자들을 포함한 한자 세트들을 보여주었다. 어느 문자가 더 긍정적인 뜻을 갖고 있는 것 같은지 묻자, 참가자들은 친숙한 글자들을 더 긍정적으로 평가했다.

Task 4

Today, let's talk about what money really is. Most people think of money as bills and coins, but there is more to it.

If you look closely at any bill in the US dollar currency system, you will see the words "This note is legal tender." This means that when you use this bill to pay for goods or services, the person selling whatever you just bought is required to take it. You are also required to pay using these legal tenders, and you can't force someone to accept, say, your silver ring as payment.

But there is a broader definition of money that we here in the US don't use anymore. Almost all past societies, and even some modern ones, use bartering in their economies. That means you negotiate a fair trade using the goods and services you own. You might pay for a cow using a few chickens that you own, and then that person who took your chickens may use them to buy a couple of pigs, and so on. In this type of society, since you used chickens to buy a cow, your chickens can also be considered money, and, in that society, legal tender!

So, at the end of the day, money isn't just about the dollars in your wallet—it's really about what people agree to use for trade. Whether it's paper money, digital payments, or even livestock in a barter system, the key idea is trust. If people see value in it and accept it, then it works as money!

오늘은 돈이 실제로 무엇인지에 대해 이야기해 보겠습니다. 대부분의 사람은 돈을 지폐와 동전으로 생각하지만, 돈에는 그 이상의 것이 있습니다.

미국 달러 화폐 체계에서 어느 지폐든 자세히 보면, "이 증서는 법정 통화입니다"라는 문구를 볼 수 있습니다. 이는 여러분이 상품이나 서비스 대금을 지불할 때, 판매자는 반드시 이를 받아들여야 한다는 뜻입니다. 여러분 또한 이러한 법정 통화로 지불해야 하며, 은반지를 지불 수단으로 강요할 수는 없습니다.

그러나 미국에서는 더 이상 사용하지 않는 돈의 더 넓은 정의가 있습니다. 거의 모든 과거 사회와 몇몇 현대 사회조차도 경제에서 물물교환을 사용합니다. 이는 자신이 소유한 상품과 서비스를 사용하여 공정한 거래를 협상하는 것을 의미합니다. 당신은 소유한 닭 몇 마리를 사용해 소 한 마리를 구입할 수도 있고, 그 후 닭을 받은 사람은 그것들을 사용해 돼지 두어 마리를 구입할 수도 있으며, 이런 식으로 거래가 계속될 수 있습니다. 이러한 유형의 사회에서는 당신은 닭을 사용해 소를 샀으므로, 당신의 닭도 돈으로 간주될 수 있으며, 해당 사회에서는 법정 통화가 될 수 있습니다!

결국 돈은 지갑 속의 달러만을 의미하는 것이 아니라, 사람들이 거래 수단으로 합의한 것을 의미합니다. 그것이 종이 화폐이든, 디지털 결제이든, 또는 물물교환에서 사용되는 가축이든, 가장 중요한 개념은 신뢰입니다. 사람들이 그것에 가치를 부여하고 받아들이면, 그것이 바로 돈이 되는 것입니다!

🔖 어휘

bill n 지폐 l **currency** n 통화 l **legal tender** 법정 화폐 l **goods** n 상품 l **service** n 서비스 l **require** v 요구하다 l **society** n 사회 l **barter** v 물물교환하다 l **negotiate** v 협상하다 l **fair** adj 공정한 l **trade** n 거래 l **payment** n 지불 l **livestock** n 가축

In the lecture, the professor defines money using two points. Briefly explain his points by providing some details.

강의에서 교수는 두 가지 요점을 통해 돈을 정의한다. 그의 요점을 몇 가지 세부 사항을 제공하여 간략히 설명하시오.

Sample Response   🎧 AT03_4A

The lecturer discusses two points to define money. He begins with a narrower definition of money, which includes anything that is used as legal tender. In most modern societies, that would include bills and coins. But in bartering systems, the lecturer explains that the definition of money would be much broader, including anything that is used to purchase something, for example a chicken or a cow. Finally, the professor concludes that money is actually about what people agree to trade rather than the bills and coins themselves.

강의에서 교수는 돈을 정의하기 위해 두 가지 요점을 논의한다. 그는 먼저 법정 통화로 사용되는 모든 것을 포함하는 좁은 의미의 돈 정의로 시작한다. 대부분의 현대 사회에서는 지폐와 동전이 이에 해당한다. 하지만 교수는 물물교환 시스템에서는 돈의 정의가 훨씬 더 넓어지며, 예를 들어 닭이나 소처럼 무언가를 구매하는 데 사용되는 모든 것이 포함될 수 있다고 설명한다. 마지막으로 교수는 돈이 실제로 지폐와 동전 그 자체보다 사람들이 거래하기로 합의한 것에 관한 것이라고 결론짓는다.

Actual Test 03

Actual Test 04

Task 1

Question

Some people think it is an important part of children's education to go on field trips to places such as museums and zoos. Others think that a child's time should be spent strictly in the classroom. Which do you think is better and why?

어떤 사람들은 박물관이나 동물원과 같은 장소로 현장학습을 가는 것이 아이들의 교육에 중요한 부분이라고 생각한다. 다른 사람들은 아이들의 시간이 엄격하게 교실 내에서만 쓰여야 한다고 생각한다. 당신은 무엇이 더 낫다고 생각하며 그 이유는 무엇인가?

Sample Response 1

In my opinion, field trips are an important part of children's education. There are two reasons why I support this idea. Firstly, staying in the classroom all the time does not always help them to learn things. It is especially important for children to see and experience what they are learning first hand. They will learn and understand things faster. Secondly, I think field trips are a fresh change for children. They can go to places they have never been and see things that are new to them. It must be very boring for them to stay in a classroom all the time. They will focus much better in the classroom when they come back from field trips.

내 생각에 현장학습은 아이들의 교육에 중요한 부분이다. 이 의견을 지지하는 데에는 두 가지 이유가 있다. 첫째, 교실에서 내내 머무는 것이 학생들이 뭔가를 배우는 데 항상 도움이 되는 것은 아니다. 아이들이 자신들이 배우는 것을 직접 보고 경험하는 것은 특히나 중요하다. 그들은 더 빠르게 배우고 이해할 것이다. 둘째, 나는 현장학습이 아이들에게 신선한 변화일 거라 생각한다. 그들은 자신들이 가 본 적 없는 곳에 갈 수 있고 새로운 것을 볼 수 있다. 항상 교실에만 머물러 있는 것은 틀림없이 굉장히 지루할 것이다. 그들은 현장학습에서 돌아왔을 때 교실에서 더 잘 집중하게 될 것이다.

Sample Response 2

In my opinion, children should spend their time strictly in the classroom rather than going on field trips. I have two reasons to support this idea. Firstly, field trips are nothing more than having a picnic. Even though my class went to museums and zoos, I don't really remember learning anything. I just remember having fun with my classmates. Secondly, the instructor has to take

내 생각에 아이들은 현장학습을 가기보다는 엄격하게 교실에서 시간을 보내야 한다고 생각한다. 이 의견을 지지하는 데는 두 가지 이유가 있다. 우선, 현장학습은 소풍 가는 것과 별반 다르지 않다. 비록 우리 반이 박물관과 동물원에 갔던 적은 있었지만, 무언가를 배운 기억은 별로 없다. 나는 그저 반 친구들과 즐겁게 놀았던 것만 기억할 뿐이다. 둘째, 교사들은 아이들의 안전에 특별히 주의를 기울여야

26 PAGODA TOEFL Actual Test Speaking

extra care for the children's safety, which can be very hard. Since there are many children, it is hard to watch every single one of them. What if a child gets lost or injured? These are the reasons why I don't think field trips are important for children's education.

하는데, 이것은 매우 힘든 일이다. 학생들이 많기 때문에, 그 학생들 모두를 일일이 보살피는 것은 힘들다. 만약 한 아이가 길을 잃는다거나 다치기라도 하면 어떡할 것인가? 이것이 내가 아이들의 교육에 현장학습이 중요하지 않다고 생각하는 이유이다.

🔖 어휘

field trip 현장학습 ᅵ **first hand** 직접

Task 2

Kitchen Facilities in Dormitories

At present, most of the newer dormitories have cafeteria facilities on the first floor of the building. However, many of the older, smaller dorm buildings have no such amenities. So, students are forced to walk to other dormitories or the Campus Center to purchase meals. I propose that the university change its policy regarding cooking in the dorms. It would not take much time or money to convert one of the meeting rooms in each of these dorms into functioning kitchens with appliances like refrigerators, stoves, and microwaves and cooking utensils. Students could provide their own dishes and store groceries in the refrigerators.

Harold Furt

기숙사 내 취사 시설

현재 대부분의 새 기숙사에는 건물의 1층에 카페테리아 시설이 있습니다. 하지만 오래되고 작은 기숙사 건물에는 그러한 편의 시설이 없습니다. 따라서 학생들은 식사를 하기 위해 다른 기숙사 건물이나 캠퍼스 센터로 걸어가야 합니다. 저는 대학에서 기숙사 내 취사와 관련된 규칙을 변경할 것을 제안합니다. 각 기숙사 건물의 회의실 중 하나를 냉장고, 레인지, 전자레인지와 조리 기구를 갖춘 주방으로 바꾸는 데는 그렇게 많은 시간과 비용이 들지 않을 것입니다. 학생들은 자신들의 식사를 만들 수도 있고, 먹거리를 냉장고에 보관할 수도 있습니다.

해롤드 퍼트

Listening Script   🎧 AT04_2Q

🧑 Hey Tabitha, how's it going? You look confused.

👩 Confused? No... doubtful maybe... have you read this letter to the editor?

🧑 Which one? Oh, about adding kitchens to some of the dorms? Yes, I did read it. I think it

🧑 어이 타비사, 잘 지내? 혼란스러워 보이는데.

👩 혼란? 아니야… 의심스러운 거면 몰라도… 편집자에게 보내는 이 편지 봤어?

🧑 어떤 거? 아, 일부 기숙사에 주방을 만드는 거? 응. 읽었어. 내가 보기에는 꽤 괜찮은 생각 같은

sounds like a pretty good idea. Those students shouldn't have to go to other buildings just to have a meal.

🆆 Yes, I agree, that is unfortunate.

🅼 But, you have concerns?

🆆 Well, yes. I mean, whose responsibility will it be to keep the kitchens clean?

🅼 I would assume the students that live there would have to work out some type of schedule.

🆆 I suppose so, but would they really adhere to such a schedule? Everyone is busy taking classes, working part-time jobs, or just spending time with friends. I don't think having a schedule would work out. Plus, we have a kitchen area in the break room at the store where I work part-time. But, the employees rarely do anything to keep it clean. Once a month, the assistant manager has to throw out everything in the refrigerator because people always leave food in there and never do anything with it. It ends up rotting away.

🅼 And you think that these students wouldn't do much better?

🆆 No, I really doubt it. Many of them have never lived alone before, so they haven't had that kind of responsibility.

🅼 Well, you may have a point there, but it doesn't really affect us, does it?

🆆 No, I suppose not since we don't live in the dormitories.

데. 그저 밥을 먹기 위해 다른 건물에 갈 필요가 없어지잖아.

🆎 응, 나도 동의해. 그건 안된 일이지.

🅱 그런데, 넌 뭔가 걱정이 있니?

🆎 음, 그래. 내 말은, 주방을 깨끗이 유지하는 것이 누구 책임이 될 거냐는 거야.

🅱 거기 사는 학생들이 스케줄을 정해서 해야 하지 않을까 생각해.

🆎 나도 그렇게 생각하지만, 학생들이 그런 스케줄을 잘 지킬까? 모두들 수업을 듣고, 아르바이트를 하고, 아니면 그저 친구들과 시간을 보내느라 바빠. 스케줄을 정해서 하는 게 잘 진행될 것 같진 않아. 게다가, 내가 아르바이트 하는 가게의 휴식 공간에 주방이 있어. 하지만 직원들은 그것을 치우려는 노력을 거의 하지 않아. 한 달에 한 번, 부매니저가 냉장고에 있는 모든 것을 버려야 하는데 사람들이 음식을 거기 두고 치우지 않기 때문이야. 결국 썩는 거지.

🅱 그럼 너는 학생들도 그보다 나을 것 같진 않다고 생각하니?

🆎 응, 정말로 의심스러워. 많은 학생들이 이전에 혼자 살아 본 적이 없어서 그런 책임을 져 본 적이 없어.

🅱 음, 네 말이 맞을 수도 있지만 우리한테는 사실 영향이 없잖아. 안 그래?

🆎 그렇지, 우리는 기숙사에 살지 않으니까.

🅱 **어휘**

amenities 🔟 (pl.) 편의 시설 | convert 🆅 개조하다 | cooking utensils 조리 기구 | adhere to 충실히 지키다 | end up 결국 ~ 되다 | rot away 썩어버리다 | affect 🆅 영향을 미치다

AT04_2Q

The woman expresses her opinion about the kitchen facilities in dormitories. State her opinion and explain the reasons she gives for holding that opinion.

여자는 기숙사 내 취사 시설에 대한 자신의 의견을 표현하고 있다. 그녀의 의견이 무엇이며 그렇게 주장하는 이유가 무엇인지 설명하시오.

Sample Response

AT04_2A

The reading passage suggests that it would be much more convenient to have kitchens with appliances in old dormitories since students have to walk to other dorms to purchase meals. The woman disagrees with this. She says it is unclear whose responsibility it would be to keep the kitchens clean. It would not really work even if they set up a schedule because many students are busy. In addition, they have never lived alone before, so they lack responsibility.

지문은 학생들이 식사를 하러 다른 기숙사로 걸어가야 하기 때문에 오래된 기숙사에 전기 제품을 갖춘 주방이 있으면 훨씬 더 편해질 것이라고 제안한다. 여자는 이에 동의하지 않는다. 그녀는 주방을 깨끗이 유지할 책임이 누구에게 있는지 불명확하다고 말한다. 스케줄을 정한다고 해도 많은 학생들이 바쁘기 때문에 잘 진행되지 않을 것이다. 게다가, 학생들은 이전에 혼자 살아 본 적이 없어서 책임감이 부족하다.

Task 3

Reading Passage

Transitional Forms

New species do not simply spring into existence. Rather, they evolve from other organisms that existed before them. Transitional forms are organisms that show a connection between two different organisms. Such an organism has traits from both older and newer organisms. It is in an in-between stage, but it should not be viewed as a direct link between the two species. Evolution typically happens in a branching way. There are usually many distinct descendants that have a varying mix of characteristics living at the same time. So a transitional form may show the stages of change, but not its direct path.

과도기 형태

새로운 종은 그냥 갑자기 존재하게 되지 않는다. 오히려 그들 이전에 존재하던 다른 생명체들로부터 진화한다. 과도기 형태는 각기 다른 두 생명체들간의 연결 고리를 보여주는 생명체이다. 그러한 생명체는 오래된 그리고 새로운 생명체 둘 다의 특징을 가지고 있다. 그것은 단계 사이에 있지만, 두 종 간의 직접적 연결로 보아서는 안 된다. 진화는 일반적으로 분화하는 방식으로 일어난다. 동시대에 다양한 특성을 복합적으로 가지고 있는 많은 후손들이 있다. 따라서 과도기 형태는 변화의 직접적인 길이 아닌 변화의 단계를 보여주는 것일 수 있다.

Transitional forms are organisms that show a connection between an older species and a younger species. These intermediate organisms possess traits that the older species has but the younger does not and vice-versa. The first life on Earth formed in the ocean, and it was a long time before any species attempted to leave the water. The ancestor of all land vertebrates was most likely some kind of fish. Between fish and the first true land animals there were many transitional forms that had some fish-like traits and some land animal traits. We may never know which animal first made that great leap forward, and there were most likely many different species that underwent a similar series of adaptations at around the same time.

Take this organism, for example. We can see that it has some traits that clearly belong to both types of organism. It breathed with gills, but its head was separated from its body, I mean, it had a neck. Fish do not have necks. It also had long limbs that were able to support its body weight. Fish do not need to do this because they live in the water, which supports their bodies. But if we look at the animal's feet, they do not look like those of a land animal. There are a lot more toes, and they are all connected together into a paddle shape. They look more like a seal's flipper than a foot. So, while this animal's legs and feet were clearly adapted to moving its body around, they would not have been very useful on land. Therefore, scientists think that it lived in shallow water near land, and it may have ventured out onto land to look for food or to escape from predators in the water. But it would have had to return to the water to breathe through its gills.

과도기 형태는 오래된 종과 새로운 종 간의 연결을 보여주는 생명체입니다. 이러한 중간 단계의 생물체들은 오래된 종의 특징을 가지고 있지만 새로운 종의 특징은 가지고 있지 않거나 그 반대의 경우도 있습니다. 지구 최초의 생명체는 바다에서 형성되었고, 생물체가 물을 떠나는 것을 시도하기까지는 오랜 시간이 걸렸습니다. 모든 육지 척추동물의 조상은 어류의 일종이었을 가능성이 매우 높습니다. 물고기와 첫 번째 진짜 육지 동물 사이에는 많은 과도기 형태가 있었는데, 어떤 것들은 어류와 같은 특징을 가졌고, 어떤 것들은 육지 동물의 특징을 가졌습니다. 우리는 어떤 동물이 가장 먼저 큰 도약을 했는지 절대 알 수 없겠지만, 비슷한 시기에 유사한 일련의 적응을 거친 많은 다양한 종이 있었을 가능성이 높습니다.

이 생물체를 예로 들어보죠. 우리는 이것이 두 종류의 생물체에 속하는 특징을 가지고 있다는 것을 알 수 있습니다. 그것은 아가미로 숨을 쉬지만 머리는 몸으로부터 분리되어 있는데, 제 말은 목이 있었다는 뜻이죠. 어류는 목이 없죠. 그것은 또한 몸무게를 지탱할 수 있는 긴 팔다리를 가지고 있었습니다. 어류는 그럴 필요가 없는데 왜냐하면 그들은 물속에서 살고, 물이 몸을 지지해 주기 때문입니다. 하지만 이 동물의 발을 보면 육지 동물의 발처럼 생기지 않았습니다. 발가락이 훨씬 더 많고, 노 모양으로 전부 연결되어 있습니다. 그것은 발이라기보다는 바다표범의 지느러미발처럼 생겼습니다. 그래서 이 동물의 다리와 발은 분명히 몸을 움직일 수 있도록 적응된 반면 육지에서는 그렇게 유용하지 않았을 것입니다. 따라서 과학자들은 이 동물이 육지 근처의 얕은 물에서 살았거나, 먹이를 찾거나 물속의 포식자로부터 도망치기 위해 위험을 무릅쓰고 육지로 나왔을 것이라고 생각합니다. 하지만 그것은 아가미로 숨을 쉬기 위해 물로 돌아가야만 했을 것입니다.

📕 **어휘**

transitional form 과도기 형태 | **branching** adj 가지를 뻗은, 분기한 | **varying** adj 가지각색의 | **land vertebrate** 육지 척추동물 | **make a great leap forward** ~를 향해 큰 도약을 하다 | **gill** n 아가미 | **paddle** n (배 젓는) 노 | **flipper** n 지느러미발, 오리발, 물갈퀴 | **venture out** 위험을 무릅쓰고 나아가다

The professor talks about fish and land animals. Describe how they relate to transitional forms.

교수는 어류와 육지 동물에 대해 이야기한다. 그들이 과도기 형태와 어떻게 관련되어 있는지 설명하시오.

| Sample Response | AT04_3A |

The professor talks about an organism that has traits of both fish and land animals to explain transitional forms. While this organism breathed with gills and had feet that looked like flippers, it also had a neck and long limbs to support its body like land animals. Therefore, scientists think that it lived in shallow water near the land, and it may have ventured out onto the land to look for food. The example of this organism demonstrates a transitional form that existed between fish and the first true land animal.

교수는 과도기 형태를 설명하기 위해 물고기와 육지 동물의 특징을 둘 다 가진 생명체에 대해 이야기한다. 이 생명체는 아가미로 숨을 쉬었고 지느러미 발처럼 생긴 발을 가지고 있었지만, 육지 동물처럼 목이 있었고 몸을 지탱하기 위한 긴 팔다리도 갖고 있었다. 그러므로 과학자들은 그것이 육지 근처의 얕은 물에서 살았으며, 먹이를 찾기 위해 위험을 무릅쓰고 육지로 나갔을 것이라고 본다. 이 생명체의 예시는 물고기와 최초의 육지 동물 사이에 존재했던 과도기 형태를 보여준다.

Task 4

| Listening Script | 🎧 AT04_4Q |

Every year, many people decide they want to run their own business. The first major decision they must make in this respect is whether to start an entirely new business or to open a franchise of an already existing one. In both cases, the owner of the store takes the financial burden. For a new business, this is not surprising, but many people do not realize what it means to be a franchise owner.

At first glance, it seems like a great way to get into the management world. The franchise owner has an established product or service. The franchise company provides a predetermined plan for running the business, provides training for employees, and often determines the construction and decoration of the store. Well, the franchise

매년 많은 사람들이 자기 사업을 하기로 결정합니다. 이런 점에 있어서 그들이 해야 하는 가장 중요한 결정은 완전히 새로운 사업을 시작할 것인가 아니면 이미 존재하는 사업의 가맹점을 열 것인가 하는 것입니다. 두 가지 경우 모두에 가게 소유주가 재정적 부담을 집니다. 새로운 사업의 경우 놀랄 일이 아니지만, 많은 사람들은 가맹점주가 된다는 것이 어떤 것인지 잘 알지 못합니다.

언뜻 보기에 이는 경영의 세계에 뛰어드는 좋은 방법처럼 보입니다. 가맹점주는 이미 자리를 잡은 상품이나 서비스를 갖고 있습니다. 프랜차이즈 회사는 업체 운영을 위한 이미 만들어진 계획을 제공하고, 고용인을 위한 훈련을 제공하며, 종종 가게의 건축과 실내장식을 결정합니다. 음. 가맹점주는 가게를 지을 돈을 제공해야 하고, 회사의 상품을 판매

owner must provide the money to build the store, pay a royalty to sell the company's products, and pay a percentage of the franchise's profits to the company. The contracts are usually for 5 to 30 years, and must be renewed. Not only that, but if the store fails completely, then he may be fined by the franchise company for not fulfilling the contract. For these reasons, a franchise is sometimes referred to as a wasting asset.

For the company, the franchise system has specific benefits. It puts the financial burden on the franchise owners, but it also gives them more incentive to be successful. With chain stores, the burden falls completely on the company. The manager of the store only has the responsibility to do his job according to their rules. If he does poorly, he may lose his job, but if a franchise owner does a poor job, he loses his investment. This risk is a powerful motivator, and many owners expand until they have many franchises of the same company. They can then sell their entire franchise at the end of a contract and profit quite well.

하기 위해 로열티를 지불해야 하며, 영업 이익의 일부를 회사에 지급해야 합니다. 계약은 보통 5~30년이며 갱신되어야 합니다. 그뿐 아니라, 만약 상점이 완전히 실패하게 되면, 소유주는 계약을 이행하지 못했다는 이유로 프랜차이즈 회사에 벌금을 내야 할 수도 있습니다. 이러한 이유로 가맹점은 때로 소모자산이라고 불립니다.

회사 입장에서 프랜차이즈 시스템에는 특정한 이점들이 있습니다. 이는 재정 부담을 가맹점주에게 부과하지만, 그들이 성공할 수 있는 더 많은 장려책을 제공합니다. 체인점의 경우, 부담은 전적으로 회사의 몫이 됩니다. 가게 매니저는 규칙에 따라 자신이 맡은 일만 하면 됩니다. 만약 그가 성과를 내지 못하면 직장을 잃을 뿐이지만, 가맹점주가 일을 잘 하지 못하면 자신의 투자금을 잃게 되죠. 이러한 위험 요소는 강력한 동기를 유발하고, 많은 소유주들은 같은 회사의 가맹점이 많아질 때까지 확장을 합니다. 그리고 나서 그들은 계약이 끝날 때 가맹점 전체를 매각하고 큰 이윤을 남길 수 있습니다.

🔖 어휘

run one's own business 자신의 사업을 하다 | **franchise** ⓝ 프랜차이즈, 가맹점 | **franchise owner** 가맹점주 | **predetermined** adj 미리 결정된 | **royalty** ⓝ 로열티 | **renew** ⓥ 갱신하다 | **be fined** 벌금을 물다 | **wasting asset** 소모자산 | **incentive** ⓝ 장려책 | **motivator** ⓝ 동기요인

Question

 AT04_4Q

In the lecture, the professor describes the advantages and disadvantages that a franchise owner could face. Briefly explain them by providing some details.

강의에서 교수는 가맹점주가 직면할 수 있는 이점과 단점들을 서술한다. 몇 가지 세부 정보를 제시하여 그것들을 간략하게 설명하시오.

In the lecture, the professor talks about the difficulties and benefits that a franchise owner encounters. First, the franchise owner sells an established product or service. Also, he can just follow the company's rules regarding running the business, training for employees, construction, etc. However, the disadvantage is that he has to pay a royalty and a percentage of the franchise's profits. Also, if the store fails, the owner gets fined. Even though the financial burden is heavy, the owner could be given more incentive for the store to be successful.

강의에서 교수는 가맹점주가 맞닥뜨리게 되는 어려움과 혜택들에 관해 이야기한다. 첫째, 가맹점주는 이미 자리를 잡은 상품이나 서비스를 판매한다. 또한, 그는 업체 운영과 직원 훈련, 건축 등과 관련해 회사 규칙을 따르기만 하면 된다. 그러나 불리한 점은 로열티와 수익의 일부를 지불해야 한다는 것이다. 또한, 가게가 실패하면 소유주는 벌금을 물게 된다. 재정적 부담이 크긴 해도, 가게의 성공을 위해 소유주는 더 많은 장려책을 받을 수 있다.

Actual Test 05

본서 | P. 120

Task 1

Question   AT05_1Q

What kind of volunteer work interests you the most?	어떤 종류의 자원봉사에 가장 관심이 있는가?
1) Volunteering at a library	1) 도서관에서 봉사하기
2) Visiting a senior center	2) 노인 센터 방문하기
3) Fixing and serving meals for homeless people	3) 집 없는 사람들에게 음식 만들어 제공하기
Give specific examples to explain why.	이유를 설명하기 위해 구체적인 예시를 제시하시오.

Sample Response   AT05_1A

I'm interested in volunteering at a library. I think it is important because I would be closer to what I love. Since I have to work, I wouldn't have time to sit and read; however, I would get to see what other people are reading and check them out later. Discovering what other people are reading is always fun to me because in that way I get to read books I didn't know about. Also, I would get to see how a library is operated. Knowing more about it would help me think of ways to make it better.	나는 도서관에서 자원봉사하는 것에 관심이 있다. 나는 그 일이 내가 좋아하는 것과 더 가까워질 수 있기 때문에 중요하다고 생각한다. 일을 해야 하기 때문에 나는 앉아서 독서를 할 시간은 없겠지만 다른 사람들이 어떤 책을 읽는지 볼 수 있고, 그 책들을 나중에 대출할 수 있을 것이다. 다른 사람들이 읽는 책을 발견하는 것은 나에게는 항상 즐거운 일인데 왜냐하면 그렇게 함으로써 내가 알지 못했던 책들을 읽을 수 있기 때문이다. 또한, 도서관이 어떻게 운영되는지도 알 수 있을 것이다. 그것에 대해 잘 아는 것은 내가 더 나은 도서관을 만들 수 있는 방법을 생각하는 데 도움이 될 것이다.

📖 어휘

volunteer work 자원봉사 | **check out** 대출하다 | **be operated** 운영되다

Task 2

Reading Passage

Planned Suspension of University Bus Service	대학 버스 서비스 일시 중단 계획
The Office of Student Services has announced that the school plans to stop operations of the	학생 서비스 사무국은 대학 버스 서비스의 운영을 중단할 계획이라고 발표했습니다. 대학 캠퍼스뿐만

university bus services. The service, which runs throughout our university's campus as well as to the surrounding neighborhoods, has seen a sharp decrease in ridership in the past two years, as students prefer to use their own cars. As a result, the school's administration is increasingly viewing the bus service as a waste of money. Instead, the university is exploring alternatives. As of now, the university is planning to invest in other modes of transportation, such as free scooter and bicycle rentals.

아니라 주변 지역까지 운행하고 있는 이 서비스는 학생들이 개인 차량을 선호하기 때문에 지난 2년 동안 이용객 수가 급격히 감소했습니다. 그 결과, 학교 행정부는 점점 더 버스 서비스를 비용 낭비로 보고 있습니다. 대신, 대학은 대체 수단을 모색하고 있습니다. 현재로서는 무료 스쿠터 및 자전거 대여와 같은 다른 교통수단에 투자할 계획입니다.

Listening Script

 AT05_2Q

M I can't believe what the school is doing.

W You must be talking about the bus service, right?

M Yes! The whole thing is infuriating to me. Nobody seems to care about the out-of-state students who tend not to have cars, much less the international students, but that's not what really bothers me.

W So why are you so upset?

M It's the students with disabilities! They're the ones that take the buses the most. You know Gary, right?

W Your friend down the hall?

M That's right. He uses a wheelchair and relies on those buses to get around campus. I don't understand how this school can admit so many students with disabilities in the name of diversity, equip all their buses with wheelchair accessibility features, and then suddenly ignore all of them to save a little money. I seriously think this is a huge oversight on the part of the university.

W I didn't even think about that. I hope the school has something planned for them.

남 학교가 하는 일을 믿을 수가 없어.

여 버스 서비스 얘기하는 거지, 맞지?

남 그래! 이 모든 게 나를 너무 화나게 해. 다른 주 출신 학생들은 대개 차가 없는데, 하물며 유학생들은 더더욱 그렇지만, 아무도 신경 쓰지 않는 거 같아. 하지만 내가 정말로 화가 나는 건 그게 아니야.

여 그래서 왜 그렇게 화가 난 거야?

남 장애 학생들이야! 그들이야말로 버스를 가장 많이 이용하는 사람들이지. 게리 알지?

여 복도 끝에 사는 네 친구?

남 맞아. 그는 휠체어를 사용하며 캠퍼스 내 이동을 위해 그 버스에 의존해. 나는 학교가 장애 학생들을 다양성이라는 이름으로 그렇게 많이 입학시키고, 모든 버스에 휠체어 접근성 기능을 장착해 놓고, 이제 와서 돈을 조금 아끼려고 그들을 무시하는 게 이해가 안 돼. 나는 진심으로 이게 대학교 측의 큰 실수라고 생각해.

여 그건 생각도 못 했네. 학교가 그들을 위해 뭔가 계획하고 있길 바라.

🅜 Me too! But it's not just the students with disabilities. This affects everybody. Even for other students, with over 10,000 undergraduates, scooters and bikes just aren't enough.

📗 나도 그래! 하지만 이건 단지 장애 학생들만의 문제가 아니야. 이건 모든 사람에게 영향을 미쳐. 다른 학생들도 마찬가지로, 10,000명 이상의 학부생이 있는 상황에서 스쿠터와 자전거만으로는 충분하지 않아.

📗 어휘

announce 🆅 발표하다 | **operation** 🅝 운영 | **surrounding** 🆊 주변의 | **neighborhood** 🅝 이웃 지역 | **decrease** 🅝 감소 | **ridership** 🅝 승객 수 | **administration** 🅝 행정부 | **waste** 🅝 낭비 | **alternative** 🅝 대안 | **invest** 🆅 투자하다 | **mode** 🅝 방식 | **transportation** 🅝 교통 | **rental** 🅝 대여 | **infuriating** 🆊 화나게 하는 | **bother** 🆅 신경 쓰게 하다 | **upset** 🆊 화난 | **disability** 🅝 장애 | **rely on** ~에 의존하다 | **diversity** 🅝 다양성 | **equip** 🆅 장비를 갖추다 | **accessibility** 🅝 접근성 | **feature** 🅝 기능, 장치 | **ignore** 🆅 무시하다 | **oversight** 🅝 간과 | **affect** 🆅 영향을 미치다 | **undergraduate** 🅝 학부생

Question

The man expresses his opinions on the university announcement. State his opinion and explain the reasons he feels that way.

남자가 대학 공지에 대한 자신의 의견을 표현한다. 그의 의견을 말하고, 그가 그렇게 느끼는 이유를 설명하시오.

Sample Response

The university announcement informed students that the school would be ceasing operation of the school's bus service, citing a reduction in ridership as their justification. The student expressed his frustration, sharing that the significant population of students with disabilities who depend on the bus service would be left with no way to get around campus. He saw this as a big mistake since the university had made it a point to admit students with disabilities as a way to increase diversity. Moreover, in response to the university's plans to invest in bikes and scooters as an alternative, the student doubted this would be sufficient. With a student population of over 10,000, the student believed it would be difficult for the school to provide enough to serve the student body sufficiently.

대학교 공지는 학생들에게 버스 이용객 감소를 이유로 학교 버스 서비스를 중단하겠다고 알렸다. 학생은 이에 대해 좌절감을 표하며, 버스 서비스를 의존하는 상당수의 장애 학생이 캠퍼스 내에서 이동할 방법을 잃게 될 것이라고 말했다. 그는 대학이 다양성을 높이기 위해 장애 학생들을 입학시키는 데 주력했기 때문에, 이것이 큰 실수라고 보았다. 게다가, 자전거와 스쿠터에 투자하겠다는 대학교의 계획에 대해서도 학생은 이것이 충분하지 않을 것이라고 의심했다. 10,000명 이상의 학생이 있는 점을 감안할 때, 학교가 학생들에게 충분히 지원할 만큼 충분한 제공이 어려울 것이라고 그는 생각했다.

Task 3

Business Cards

Business cards essentially serve two purposes: they advertise the person and the business they work for, and they help to form people's first impression of you. The cards typically feature the company name, address, and phone number along with the employee's name and contact information. This provides the recipient with all of the information they need to contact the person or their company should they require their products or services. The way in which this information is presented also creates an impression. Most business cards are made of white card stock with black printing, which looks clean and professional. However, some use exotic materials like plastic or metal, and they may even take the form of a mini CD or a memory card.

명함

명함에는 본질적으로 두 가지 목적이 있다. 사람과 그 사람이 다니는 기업을 광고해 주며, 사람들이 당신에 대한 첫인상을 형성하는 데 도움을 준다. 명함에는 전형적으로 직원의 이름, 연락처와 함께 회사명, 주소, 전화번호가 들어간다. 이것은 명함을 받는 사람에게 그들이 이 회사의 제품이나 서비스를 필요로 할 때 연락해야 하는 사람이나 회사에 대해 필요한 모든 정보를 제공한다. 이러한 정보가 제시되는 방식 또한 인상을 남긴다. 대부분의 명함은 흰색 용지에 만들어져 검은 잉크로 쓰여 있는데, 이것은 깔끔하고 전문적으로 보인다. 하지만 플라스틱이나 금속처럼 색다른 재료를 사용하는 사람들도 있으며, 심지어 작은 CD나 메모리 카드 같은 형태도 있다.

Listening Script 🎧 AT05_3Q

Although they are regarded by many today as an outdated formality, business cards actually have a long and interesting history. Like so many other things, the oldest acknowledged form of business cards comes from China in the 15th century. Known as visiting cards, they were used to inform someone of your intention to visit them. They were also given at the doors of elite businesses so the proprietor could decide whether or not meeting with a potential client would be worth his time. They were introduced to Europe in the 17th century, where they quickly developed their own culture and etiquette.

In the 17th century, all of European style was dictated by the court of Louis the 14th. So, when his courtiers began using visiting cards, the trend quickly spread throughout the continent. These

비록 요즘에는 명함이 시대에 뒤떨어진 격식이라고 많은 이들이 생각하고 있지만, 명함은 사실 길고 흥미로운 역사를 가지고 있습니다. 다른 많은 것들과 마찬가지로, 가장 오래되었다고 여겨지는 명함의 형태는 15세기 중국에서 온 것입니다. 방문 카드라고 알려졌던 이것들은 당신의 방문 의도를 그 사람에게 알리기 위해 사용되었습니다. 그 카드들은 또한 상류층 상점 출입구에서 전달되어, 그 상점 주인이 잠재적 고객과 만나는 것에 자신의 시간을 투자할 가치가 있는지 없는지를 결정하기도 했습니다. 방문 카드는 17세기에 유럽으로 소개되었는데, 그곳에서 빠르게 그들 고유의 문화와 예절로 발전했습니다.

17세기에는 모든 유럽의 양식들이 루이 14세의 궁정에 의해 좌우되었습니다. 그래서 그의 조신들이 방문 카드를 사용하기 시작하자, 그 유행이 대륙 전역에 빠르게 퍼져 나갔습니다. 이러한 초기의 카드

early cards were about the size of a playing card, which means just slightly smaller than a man's hand. Guests would write their name and often a message on the cards, a practice that would become frowned upon in later years. A servant would receive the guests' visiting cards and present them to the lord or lady of the house. If he or she decided to grant that person an audience, the servant would then use the card's information to announce the person as they entered the room.

Soon afterward, trade cards came into use in England. These cards served as an advertisement for one's business, and they often included a map to the establishment as well as products or services that were being offered. When they reached the United States, the two types of cards became strictly separate. Visiting cards were solely the realm of the upper classes, whereas business cards continued to be used as advertisements. If someone offered a business card at someone's home, it could be considered quite impolite as the recipient might think that their caller had come to collect a debt.

는 트럼프 카드 크기 정도였으며, 이는 성인 남자의 손보다 약간 작았다는 뜻입니다. 방문객들은 카드에 자신의 이름을 적고, 종종 메시지를 쓰기도 했는데, 이는 이후에 사람들이 못마땅해 하는 관행이 되었습니다. 하인은 방문객의 방문 카드를 받아서 집주인에게 전달했습니다. 만약 집주인이 그 사람에게 접견을 허락하면, 그 사람이 방에 들어올 때 하인은 카드에 있는 정보를 사용하여 그 사람의 이름을 알렸습니다.

머지않아 명함이 영국에서 쓰이기 시작했습니다. 이 카드는 사업체를 광고하는 역할을 하였으며, 종종 제공되는 제품이나 서비스뿐 아니라 해당 점포로 찾아가는 지도까지 포함되어 있었습니다. 미국으로 넘어오면서 이 두 유형의 카드는 엄격히 분리되었습니다. 방문 카드는 오직 상류층 계급의 전유물이었던 반면, 명함은 계속 광고로 사용되었습니다. 만약 누군가가 다른 이의 집에 명함을 남긴다면, 받는 사람은 그 사람이 빚을 받으러 왔다고 생각할지도 모르기 때문에 무례하다고 여겨질 수 있었습니다.

📗 어휘

recipient n 받는 사람 | **should S + V** 만약 [주어]가 [동사]하면 | **card stock** n 종이, 인쇄용지 | **exotic** adj 이국적인, 색다른 | **outdated** adj 구식의, 시대에 뒤진 | **acknowledged** adj 인정된 | **intention** n 의도 | **proprietor** n 소유주 | **be dictated** 좌우되다, 영향을 받다 | **courtier** n 조신 | **grant an audience** 접견의 기회를 베풀다 | **announce** v 이름을 말하다 | **establishment** n 점포, 시설 | **strictly** adv 엄격히 | **solely** adv 오로지 | **realm** n 영역 | **impolite** adj 무례한 | **collect a debt** 빚을 회수하다

Question

 AT05_3Q

The professor discusses the development of business cards in different countries. Explain today's business cards and how business cards were used back in the past.

교수는 서로 다른 국가들에서의 명함의 발전에 대해 논한다. 오늘날의 명함과 과거에 명함이 어떻게 사용되었는지에 대해 설명하시오.

The reading passage talks about the role of business cards today. They advertise the person and the business they work for. However, they were a bit different in the past. In the lecture, the professor says that the oldest business cards were known as visiting cards in China in the 15th century. They were introduced to Europe in the 17th century and spread quickly. A guest wrote his name on the card, and when the lord or lady received it, they decided whether or not to meet the person. In England, trade cards were used to promote one's business. Finally, in the U.S., visiting cards and business cards developed separately.

지문은 오늘날의 명함의 역할에 대해 이야기한다. 명함은 한 사람과 그 사람이 일하는 기업을 광고한다. 하지만 과거에는 조금 달랐다. 강의에서 교수는 가장 오래된 명함은 15세기 중국의 방문 카드로 알려져 있다고 설명한다. 그것은 17세기 유럽에 소개되어 빠르게 퍼져 나갔다. 방문객은 카드에 자신의 이름을 적었으며, 주인이 그것을 받아보고 그 사람을 만날지 말지를 결정했다. 영국에서는 명함이 그 사람의 사업체를 홍보하기 위해 사용되었다. 마지막으로 미국에서는 방문 카드와 명함이 분리되어 발전했다.

Task 4

When a company has developed some new products, it needs to create an advertising campaign to sell them. The goal is to attract potential customers and convince them that they should purchase its products and not its competitors'. How do they prove to customers their product is better without letting them try it out for themselves? Well, one of the best ways is by demonstrating that product. Demonstrations usually take on one of two formats depending on the type of product.

First, to show the quality and durability of an item, advertisers will often use a stress test. For example, luggage is often subjected to extreme conditions and treatment, so advertisers will often make commercials that show their bag being tested along with one that looks like a competitor's brand. They then abuse the bags— drop them from a great height, show them being rained on or frozen, thrown around by baggage

회사가 새로운 상품을 개발하면, 그것을 판매하기 위해 광고 캠페인을 만들 필요가 있습니다. 목표는 잠재 고객을 끌어들이고, 경쟁사 상품이 아닌 이 회사의 상품을 사도록 설득하는 것입니다. 고객들이 그 상품을 직접 사용하도록 하지 않고도 어떻게 그 상품이 더 낫다는 것을 그들에게 증명할까요? 음, 가장 좋은 방법 중 하나는 그 상품을 시연하는 것입니다. 시연은 상품의 종류에 따라 보통 두 형식 중 하나를 취합니다.

먼저, 상품의 품질과 내구성을 보여주기 위해 광고주들은 종종 부하 검사를 사용합니다. 예를 들면, 수하물 가방은 종종 극한의 상황과 취급에 처할 수 있기 때문에, 광고주들은 종종 자기들의 상품이 경쟁사 브랜드의 것처럼 보이는 가방과 함께 검사를 받는 광고를 만듭니다. 그들은 가방을 함부로 다룹니다. 높은 곳에서 떨어뜨리고, 비를 맞게 하고, 얼게 하고, 수하물 처리인이 가방을 이리저리 던지는 등 여러 가지를 합니다. 그리고 나서 가방을 열어서

handlers, and so on. Then, they will open up their bag and reveal that although the outside is beaten and scarred, the contents of their bag are perfectly intact. The other bag's are, however, just as broken and mangled as the bag.

Second, for a product that is designed to repair damage or solve a problem, a before-and-after type of advertisement is usually quite effective. These show a common problem that their product could be used to remedy, followed by the actual result of their product's usage. This type of advertisement is very popular with household cleaning products. For example, a commercial may begin with a company spokesperson visiting a home unannounced during the day. They will then proceed to the bathroom together, where the homeowner will be mortified by the room's state. The cheerful spokesperson will spray his cleanser through dirty areas and wash it away with water, revealing a streak of pristine glass or tile framed by grime. This clearly shows how effective the product is.

비록 밖은 두들겨 맞고 흠집이 났지만 가방 안의 내용물은 완벽하게 온전하다는 것을 보여줍니다. 그러나 다른 가방의 내용물은 그 가방처럼 부서지고 심하게 훼손되어 있죠.

두 번째, 훼손을 복구하거나 문제를 해결하도록 고안된 상품의 경우는 보통 전-후 형태의 광고가 꽤 효과적입니다. 이것은 상품이 고칠 수 있는 흔한 문제를 보여주고, 뒤이어 실제 상품의 사용 결과를 보여줍니다. 이런 형태의 광고는 가정용 청소용품에서 매우 인기가 많습니다. 예를 들면, 어떤 광고는 회사의 대변인이 낮에 미리 연락 없이 어떤 가정집을 방문하는 것으로 시작합니다. 그리고 그들은 함께 욕실로 향하고 집 주인은 욕실 상태에 몹시 당황합니다. 쾌활한 대변인은 지저분한 곳에 자신이 가져온 세제를 뿌리고 물로 씻어내어, 때로 둘러싸인 가운데 기다란 줄 모양의 티끌 하나 없는 유리나 타일을 드러냅니다. 이것은 확실히 그 상품이 얼마나 효과적인지를 보여줍니다.

📑 어휘

durability n 내구성 ∣ **stress test** 부하 검사 ∣ **abuse** v 혹사하다 ∣ **intact** adj 온전한 ∣ **mangled** adj 심하게 훼손된 ∣ **remedy** v 고치다 ∣ **unannounced** adj 미리 알리지 않은 ∣ **be mortified** 굴욕감을 느끼다. 몹시 당황하다 ∣ **a streak of** 한 줄기의 ∣ **pristine** adj 아주 깨끗한 ∣ **grime** n 때

Question AT05_4Q

In the lecture, the professor describes two methods of demonstrating a product. Explain the two methods by providing examples.

강의에서 교수는 상품을 시연하는 두 가지 방법을 설명한다. 예를 들어 그 두 가지 방법을 설명하시오.

Sample Response AT05_4A

The professor talks about two ways to advertise a product to demonstrate how effective and useful it is. First, a stress test can be used for products

교수는 상품이 얼마나 효과적이고 유용한지를 보여주기 위해 광고를 하는 두 가지 방법에 관해 이야기한다. 첫 번째로, 부하 검사가 수하물 가방 같은 제

like luggage. In the advertisement, the bags will be abused in common ways. Then, the contents of the bags will be compared to clearly show how well-built and strong their product is. Then, the professor talks about a household cleaning product to explain a before-and-after test. In this case, a company spokesperson will visit a random house and proceed to the bathroom. Then, the spokesperson will spray the cleaning product onto dirty areas and wash it with water to show how clean it has become. This easily demonstrates how effective the product is.

품에 사용될 수 있다. 광고에서 가방은 흔한 방식으로 함부로 다루어진다. 그런 다음 그 상품이 얼마나 잘 만들어졌고 튼튼한지 명확하게 보여주기 위해 가방의 내용물을 비교한다. 다음으로 교수는 전–후 테스트를 설명하기 위해 가정용 청소용품에 대해 이야기한다. 이 경우, 회사의 대변인은 아무 가정집이나 찾아가서 욕실로 향한다. 그 뒤 대변인은 세제를 더러운 곳에 뿌리고 그 부분이 얼마나 깨끗해졌는지 보여주기 위해 물로 씻어낸다. 이것은 그 상품이 얼마나 효과적인지를 쉽게 보여준다.

Actual Test 06

본서 | P. 130

Task 1

Question   AT06_1Q

Do you agree or disagree with the following statement? Young children should be allowed to have cell phones. Please include specific details in your explanation.	당신은 다음 진술에 동의하는가 아니면 동의하지 않는가? 어린아이들이 휴대전화를 가지도록 허락되어야 한다. 설명에 구체적인 세부 사항을 포함하시오.

Sample Response 1   AT06_1A

I agree with the opinion that young children should be allowed to have cell phones. Some kind of emergency could happen to a child, and having a cell phone is the best way for the child to contact his or her parents. For example, if a child gets hurt while playing with friends and needs to go to a hospital, he or she could just call his or her parents and let them know of the situation. In this way, the parents could know the whereabouts of the child most accurately and quickly.	나는 어린아이들이 휴대전화를 가지도록 허락되어야 한다는 의견에 동의한다. 어떤 위급한 상황이 아이에게 일어날 수가 있고, 휴대전화를 가지고 있는 것은 아이가 부모에게 연락할 수 있는 가장 좋은 방법이다. 예를 들어, 만약 어린아이가 친구들과 놀다가 다쳐서 병원에 가야 되면, 아이는 부모에게 그냥 전화를 걸어서 상황을 알리기만 하면 된다. 이러한 방식으로 부모는 아이가 어디에 있는지 가장 정확하고 빠르게 알 수 있다.

Sample Response 2   AT06_1A

I disagree with the opinion that young children should be allowed to have cell phones. First, a cell phone can easily distract a child's attention. One of my friends is an elementary school teacher, and she told me that she has a hard time making children focus on their schoolwork because many of them try to play games with their phones. Second, it reduces the time that children communicate with their parents. I think children should spend more time with their parents, not with their phones. In that way, they can learn how to communicate with others better.	나는 어린아이들이 휴대전화를 가지도록 허락되어야 한다는 의견에 동의하지 않는다. 첫째, 휴대전화는 아이의 주의를 쉽게 분산시킬 수 있다. 내 친구 중 하나는 초등학교 교사인데, 그녀는 많은 아이들이 휴대전화로 게임을 하려고 하기 때문에 아이들을 학교 수업에 집중하도록 하는 데 어려움이 많다고 말했다. 둘째, 그것은 아이들이 부모와 소통하는 시간을 줄인다. 나는 아이들은 휴대전화가 아닌 부모와 더 많은 시간을 보내야 한다고 생각한다. 그러한 방식으로 그들은 다른 사람들과 더 잘 소통하는 방법을 배울 수 있다.

whereabouts n 소재, 행방 ┃ **distract** v 주의를 딴 데로 돌리다, 산만하게 하다 ┃ **focus on** ~에 집중하다

Task 2

Reading Passage

The University's Bike Sharing Program	대학의 자전거 공유 프로그램
Effective from next month, there will be changes to the university's bike sharing program. The program provides students with a healthy alternative to driving their cars around the campus, but it needs improvement. Students will be allowed to borrow a bike for up to four hours. This is to prevent some students from keeping the bikes all day long. In addition, students will need to leave their student ID cards as a deposit in order to borrow a bike. This will be a simple process, and is better than making students pay the fee in cash or with a credit card.	다음 달부터 대학의 자전거 공유 프로그램에 변화가 있을 예정입니다. 이 프로그램은 학생들에게 차를 타고 캠퍼스 안을 돌아다니는 것에 대한 건강한 대안을 제공하지만, 개선이 필요합니다. 학생들은 최대 4시간까지 자전거를 빌릴 수 있도록 허가될 것입니다. 이는 일부 학생들이 하루 종일 자전거를 갖고 있는 것을 막기 위해서입니다. 또한 학생들은 자전거를 빌리기 위해 학생증을 보증품으로 맡겨야만 합니다. 이는 간단한 절차가 될 것이며, 학생들이 현금이나 신용카드로 요금을 지불하게 하는 것보다 더 낫습니다.

Listening Script

AT06_2Q

M	Did you see this post on the university's web page about the bicycles?	남	대학 웹사이트에 올라온 자전거에 대한 게시글 봤어?
W	Bicycles? Oh, you mean about the bike sharing program? Yes, I saw it.	여	자전거? 아, 자전거 공유 프로그램 말하는 거지? 응, 봤어.
M	I know that you often use those bikes. So, what do you think about the changes?	남	내가 알기론 네가 그 자전거 자주 이용하는 것 같던데. 넌 그 변화에 대해 어떻게 생각해?
W	I understand the reasons behind them. The system isn't perfect, but it's also fairly new. That said, I don't completely agree with them.	여	변화가 있어야 하는 이유를 이해해. 시스템이 완벽하지는 않지만, 아직 얼마 안 되었으니까. 그렇긴 하지만 그 변화에 완전히 동의하지는 않아.
M	Oh, how so?	남	아, 어째서?
W	Well, it said that there will be a maximum time limit for borrowing a bike. You already have to bring them back the same day or pay a fine. And four hours—that just isn't a very long time. Last week I rode out to Grand Lake with some friends. We left in the morning, and we didn't get back until dusk. It was a long ride.	여	음. 게시글에는 자전거를 대여할 때 최대 제한 시간이 있을 거라고 했잖아. 이미 자전거를 당일 반납하지 않으면 벌금을 내야 해. 그리고 4시간은 정말 긴 시간이 아니야. 지난주에 나는 친구들하고 그랜드 레이크에 자전거를 타고 갔어. 아침에 출발했는데 해질녘까지도 돌아오지 못했어. 매우 긴 여정이었지.

M Yes, and some of my friends take them downtown to do research at the legal library. They can be gone for much more than four hours.	맞아. 그리고 내 친구들 중 어떤 애들은 법학도 서관에서 조사를 하기 위해 시내에 자전거를 타고 가기도 해. 그들도 4시간 이상 걸릴 수도 있어.
W Exactly. I think that they should have to give an approximate return time. If they cannot get back by that time, they should call the service to extend. That way, at least the staff will have a good idea of when the bike will come back, so they can tell other people who want to borrow them.	내 말이. 나는 사람들이 대략적인 반납 시간을 알려줘야 한다고 생각해. 만약 그들이 그 시간까지 돌아올 수 없으면, 연장을 위해 전화를 해야 돼. 그렇게 하면 적어도 직원들은 자전거가 언제 반납될 것인지 알 수 있고, 자전거를 빌리려는 사람들에게도 말해줄 수 있으니까.
M Sounds good to me.	좋은 생각인 것 같아.
W And the idea of leaving your ID instead of a cash deposit, I don't think they thought that through.	그리고 현금 보증금 대신 학생증을 맡기는 건 학교에서 충분히 생각을 안 한 것 같아.
M Why?	왜?
W Can you get into your dormitory or use the dining halls without your ID card?	학생증 없이 기숙사에 들어가거나 식당을 이용할 수 있어?
M No. No, you cannot. I guess you're right.	아니, 못 하지. 네 말이 맞는 것 같아.

🔖 어휘

alternative ⓝ 대안 | **deposit** ⓝ 보증금 | **pay a fine** 벌금을 내다 | **dusk** ⓝ 해질녘 | **approximate** ⓐⓓⓙ 대략적인 | **extend** ⓥ 연장하다 | **think through** 충분히 생각하다

Question

 AT06_2Q

The woman expresses her opinion about announced changes to the university's bike sharing program. State her opinion and explain the reasons she gives for holding that opinion.	여자는 대학의 자전거 공유 프로그램에 있을 변화에 관한 공지에 대해 자신의 의견을 표현하고 있다. 그녀의 의견이 무엇이며 그렇게 주장하는 이유가 무엇인지 설명하시오.

Sample Response

 AT06_2A

The reading passage is a notification about changes to the university's bike sharing program. It says students can borrow a bike for up to 4 hours, and need to leave their student ID cards when they do so. However, the woman thinks	지문은 대학의 자전거 공유 프로그램에 있을 변화에 관한 공지이다. 공지는 학생들이 최대 4시간까지 자전거를 빌릴 수 있으며, 빌릴 때 학생증을 맡겨야 한다고 한다. 그러나 여자는 이것이 그다지 합당하다고 보지 않는다. 먼저, 많은 학생들이 자전거

this is not very reasonable. First, many students use bikes for more than four hours, so setting a maximum time limit is not good. Second, if student ID cards are used for making a deposit, then students cannot enter dormitories or dining halls. For these reasons, the woman thinks the new policies are not good.

를 4시간 이상 이용하기에 최대 시간 제한을 두는 것은 좋지 않다. 두 번째로, 만약 보증금을 위해 학생증을 사용해야 한다면 학생들은 기숙사나 식당에 들어갈 수가 없다. 이러한 이유로 여자는 새로운 규정들이 좋지 않다고 생각한다.

Task 3

Reading Passage

Cyclic Disturbances

Every ecosystem in the world is subject to temporary environmental disturbances that lead to significant changes in that ecosystem. These disturbances are typically divided into two kinds: natural disturbances and anthropogenic, or manmade, disturbances. Human caused disturbances include hunting, mining, forest clearing and the introduction of invasive species. Natural disturbances may be minor, like flooding, fires, insect outbreaks and trampling by stampeding animals. There are also major natural disturbances like earthquakes, tsunamis, volcanic eruptions, firestorms, and overall climate change. However, natural disturbances often result in cyclical changes, where the ecosystem eventually returns to the previous state and then repeats the process.

주기적 교란

세상의 모든 생태계는 그 생태계의 큰 변화로 이어지는 일시적인 환경 교란의 대상이 된다. 이러한 교란은 보통 두 가지 종류로 분류된다. 자연적 교란과 인위적 혹은 인공적 교란이다. 인간은 사냥, 광업, 벌채, 외래침입종의 도입을 포함한 교란을 야기하였다. 자연적 교란은 홍수, 화재, 곤충 발생, 우르르 몰려가는 동물 떼에 의한 짓밟힘처럼 가벼운 것일 수도 있다. 지진, 해일, 화산 분출, 화재 폭풍, 총체적인 기후 변화처럼 심각한 자연적 교란도 있다. 그러나 자연적 교란은 종종 주기적인 변화로 이어지기 때문에 생태계는 궁극적으로 이전의 상태로 돌아가고 그 과정을 되풀이한다.

Listening Script AT06_3Q

During our last class, we introduced the concept of environmental disturbances. These are usually temporary, and they cause important changes in an ecosystem. They can be either manmade or natural, and such disturbances are often cyclical, meaning that they repeat in a consistent pattern.

지난 수업 시간에 우리는 환경적 교란이라는 개념을 소개했습니다. 이것들은 보통 일시적이며 생태계 내에서 중요한 변화를 야기하죠. 인공적일 수도 있고 자연적일 수도 있으며 이러한 교란은 종종 순환적으로, 즉 지속적인 패턴으로 반복될 수 있다는 의미입니다.

A good example of a human caused environmental disturbance is the government-sponsored attempt to eradicate wolves from the United States. This program very nearly succeeded, and had immediate results. The deer population grew rapidly, which initially made hunters happy. However, the population continued to increase to the point that the animals overgrazed their habitat, which led to population crashes, particularly in the winter months. After wolves were reintroduced to areas like Yellowstone National Park, they kept the deer population regulated, which led to smaller and healthier deer herds. Now people want to hunt the wolves again, which of course would cause the pattern to repeat, continuing the cycle. Such cycles regularly repeat in nature as the ecosystem is susceptible to the same disturbance that struck it before, creating a cyclical disturbance pattern.

A common cause of cyclical disturbances is insect infestations. Insect populations tend to explode until they have used up their food source and then crash. This pattern will usually balance out until the species reach a type of homeostasis, but even slight changes in climatic conditions can upset that balance. For example, pine forests cover much of western North America, but they are vulnerable to an insect called the mountain pine beetle. The beetles are always present, but they will sometimes go into an epidemic phase when they infest millions of adult trees. The trees die and fall, making space for more young pines to grow. These younger trees are resistant to the beetles, so the insect population collapses. Later, once the pines have grown tall again, the beetles may return to their epidemic phase.

인간이 야기한 환경적 교란의 좋은 예시는 미국에서 늑대를 뿌리뽑으려고 정부가 지원했던 시도입니다. 이 프로그램은 거의 성공했고 즉각적인 결과가 있었습니다. 사슴 개체수가 급격히 증가했는데, 이는 초기에 사냥꾼들을 기쁘게 했습니다. 하지만 개체수는 사슴이 서식지의 풀을 너무 많이 뜯어먹는 수준까지 증가했고, 이는 특히 겨울철에 개체수의 급격한 감소로 이어졌습니다. 늑대들을 옐로스톤 국립공원과 같은 지역에 재도입한 후, 그들은 사슴 개체수를 일정하게 조절했으며 이는 더 적은 규모의 건강한 사슴 떼를 이루도록 했습니다. 이제 사람들은 다시 늑대를 사냥하고 싶어하며, 이는 물론 그런 패턴이 다시 반복되게 하여 주기가 계속되게 합니다. 생태계는 그 전에 일어났던 같은 종류의 교란에 영향을 받기 쉽기에, 이러한 주기는 자연에서 주기적으로 반복되며 주기적인 교란 패턴을 만들어 냅니다.

주기적 교란의 흔한 원인은 곤충의 창궐입니다. 곤충 개체수는 먹이 원천을 다 사용할 때까지 폭발적으로 늘어나다가 급격히 줄어드는 경향이 있어요. 이러한 패턴은 보통 그 종이 일종의 항상성에 이를 때까지 균형을 이루지만, 기후 조건의 아주 작은 변화만으로도 그 균형은 깨질 수 있습니다. 예를 들면, 소나무 숲이 북미의 서쪽 대부분을 덮고 있지만 숲은 소나무좀이라는 곤충에 취약합니다. 이 딱정벌레들은 항상 존재하지만, 종종 수백만 그루의 다 자란 나무에 들끓어 피해를 입히는 급속한 확산 단계에 들어갑니다. 나무는 죽고 쓰러져서 더 많은 어린 소나무들이 자랄 공간을 마련합니다. 이 어린 나무들은 딱정벌레에 저항력이 있기에 딱정벌레 개체수는 크게 줄어듭니다. 후에, 소나무가 다시 커지게 되면, 딱정벌레들은 급속한 확산 단계로 돌아갈 수도 있습니다.

📝 어휘

cyclic disturbances 주기적 교란 | be subject to ~의 대상이 되다 | lead to ~로 이어지다 | anthropogenic adj 인위적 | invasive adj 침입하는, 침습성의 | trampling n 밟기 | stampeding adj 우르르 몰려가는 | volcanic eruption 화산 분출 | firestorm n 화재 폭풍 | government-sponsored adj 정부 지원의 | eradicate v 근절하다.

뿌리뽑다 I **overgraze** ⓥ 과도하게 방목하다 I **population crash** 개체수의 급격한 감소 I **susceptible** ⓐ 민감한, 영향을 받기 쉬운 I **insect infestation** 곤충 창궐 I **balance out** 균형이 잡히다 **homeostasis** ⓝ 항상성 I **vulnerable** ⓐ 취약한 I **epidemic** ⓝ 전염병의 확산[유행] I **infest** ⓥ ~에 들끓다

The professor explains cyclic disturbance by giving some examples. Explain how the examples demonstrate it.	교수는 몇 가지 예를 들어 주기적 교란을 설명한다. 그 예들이 그것을 어떻게 입증하는지 설명하시오.

Sample Response 🎧 AT06_3A

Cyclic disturbance is how an ecosystem experiences significant changes due to environmental disturbances but eventually returns to its previous state. They can be caused by human or natural factors. The professor gives two examples to explain this concept. In the United States people tried to eliminate wolves, which caused the deer population to grow rapidly. The animals overgrazed their habitat, and this led to a population crash. After reintroducing wolves to their habitat, the deer population came under control. Another example is the mountain pine beetle. When they infested millions of adult pine trees, the trees died and fell, making space for young pines to grow. Since the younger trees were resistant to the beetles, their population collapsed. However, once those trees grow tall, the population of beetles increases again.	주기적 교란은 생태계가 환경적 교란 때문에 큰 변화를 겪지만 다시 이전의 상태로 돌아오는 것이다. 교란은 인간 또는 자연적 요인에 의해 야기될 수 있다. 교수는 이 개념을 설명하기 위해 두 가지 예를 든다. 미국에서 사람들은 늑대를 없애려 했고, 이는 사슴 개체수의 급격한 성장을 야기했다. 사슴들은 서식지의 풀을 다 뜯어먹었고 이는 개체수의 급격한 감소로 이어졌다. 그들의 서식지에 늑대를 재도입한 이후 사슴의 개체수는 통제되었다. 다른 예는 소나무좀이다. 그들이 수백만 그루의 다 자란 소나무에 들끓어 피해를 입혔을 때 나무는 죽거나 쓰러져 어린 소나무들이 자랄 공간을 제공하였다. 어린 나무들은 딱정벌레에 대한 저항력이 있었기 때문에 딱정벌레의 개체수는 급감했다. 그러나, 일단 이 나무들이 커지면 딱정벌레의 개체수는 다시 증가한다.

Task 4

Listening Script 🎧 AT06_4Q

We've been talking about advertising strategies this week, and I want to continue with that. This time I want to discuss strategies that relate to the people featured in an ad.	이번 주에는 광고 전략에 대해 이야기하고 있는데, 이를 계속 이어가고 싶습니다. 이번에는 광고에 등장하는 사람들과 관련된 전략을 논의하고자 합니다.

Take, for example, an ad for a luxury product. Luxury product companies typically make sure they pick someone who looks fashionable and successful to feature in their ads. For example, in an ad for a luxury watch, you might see a handsome, well-dressed man, walking to his private jet. What this ad conveys to viewers is that if you wear this watch, you will become a part of the lifestyle that this man enjoys. This strategy is called Aspirational Figures, because it speaks to the part of a consumer that aspires to become something they are not.

Another strategy is called Humor through Imperfection. Here, a company might put out an ad with a character who is clumsy or just utterly unremarkable, making the product seem more accessible, and then mix humor into it to enhance its relatability. Imagine an ad for a smartphone, where the character is just a regular-looking clumsy guy. He keeps dropping his phone, somehow, in liquids: a puddle, the sink, his soup. But each time, he picks the phone back up and continues what he was doing on it. Here, the ad is advertising the product's waterproof capabilities. What the ad is saying is that anyone, even a normal person like you, can become not just a user of this great phone, but also a part of the brand's family.

예를 들어, 고급 제품 광고를 생각해 봅시다. 고급 제품 회사들은 일반적으로 광고에 등장하는 인물로 패셔너블하고 성공적으로 보이는 사람을 선택하는 데 신경을 씁니다. 예를 들어, 고급 시계 광고에서, 잘 차려입은 잘생긴 남성이 개인 제트기를 향해 걸어가는 모습을 볼 수 있습니다. 이 광고가 시청자에게 전달하는 메시지는, 이 시계를 착용하면 이 남성이 즐기는 라이프스타일의 일원이 될 수 있다는 것입니다. 이 전략을 "동경의 대상"이라 부르는데, 이는 소비자가 현재와는 다른 어떤 모습이 되고자 하는 열망을 자극하기 때문입니다.

또 다른 전략은 "불완전함을 통한 유머"입니다. 여기에서 회사는 서투르거나 그냥 평범한 캐릭터가 등장하는 광고를 내놓을 수 있으며, 이를 통해 제품이 더 접근할 수 있게 느껴지도록 한 다음에 유머를 섞어 그 친근함을 강화합니다. 스마트폰 광고를 예로 들어봅시다. 여기서 캐릭터는 그냥 평범해 보이는 서투른 남자입니다. 그는 계속해서 스마트폰을 물웅덩이, 싱크대, 수프 등 액체에 빠드립니다. 하지만 매번 스마트폰을 다시 집어 들어 사용을 이어갑니다. 여기서, 이 광고는 제품의 방수 기능을 강조하고 있는 것입니다. 이 광고가 전달하는 메시지는 누구든지, 심지어 여러분처럼 평범한 사람도 이 훌륭한 스마트폰의 사용자가 될 수 있을 뿐 아니라, 브랜드 가족의 일원이 될 수 있다는 것입니다.

📖 어휘

advertising n 광고 | **strategy** n 전략 | **feature** v 특징으로 하다 | **luxury** n 사치 | **fashionable** adj 세련된 | **convey** v 전달하다 | **aspirational** adj 열망을 불러일으키는 | **consumer** n 소비자 | **imperfection** n 결함 | **clumsy** adj 서투른 | **utterly** adv 완전히 | **enhance** v 강화하다 | **relatability** n 친근감 | **capability** n 기능, 능력

Question

🎧 AT06_4Q

In the lecture, the professor gives two types of advertising strategies. Briefly explain his points by providing some details.

강의에서 교수는 두 가지 광고 전략 유형을 제시한다. 그의 요점을 몇 가지 세부 사항을 제공하여 간략히 설명하시오.

The professor discusses two strategic ways companies choose people to feature in their advertisements. The first strategy is known as Aspirational Figures. He gives the example of a luxury watch ad that shows a well-dressed, successful character. This gives viewers the idea that buying the watch would make them successful like him. Next, the professor discusses another strategy called Humor through Imperfection. He uses the example of an ad for a smartphone with a normal-looking man humorously dropping his phone in liquid over and over. This conveys the idea that anyone, including very average people, is welcome to use the company's waterproof smartphones.

교수는 기업들이 광고에 등장할 사람을 선택하는 두 가지 전략적인 방법에 대해 논의한다. 첫 번째 전략은 "동경의 대상"으로 알려져 있다. 그는 고급 시계 광고의 예를 들어, 잘 차려입고 성공한 인물이 등장하는 광고를 설명한다. 이는 시계를 구매하면 그와 같이 성공한 사람이 될 것이라는 인상을 준다. 다음으로, 교수는 "불완전함을 통한 유머"라는 또 다른 전략을 논의한다. 그는 보통 사람이 유머러스하게 반복적으로 휴대폰을 물에 떨어뜨리는 스마트폰 광고를 예로 든다. 이는 매우 평범한 사람들까지도 이 회사의 방수 스마트폰을 사용할 수 있음을 전달한다.

Actual Test 06

Actual Test 07

본서 | P. 140

Task 1

Question
AT07_1Q

Some people prefer to buy food that has already been prepared. Others prefer to buy fresh ingredients to cook their own meals at home. Which do you prefer and why? Explain with reasons and examples.	어떤 사람들은 이미 만들어진 음식을 사는 것을 선호한다. 다른 사람들은 집에서 직접 음식을 만들어 먹기 위해 신선한 재료를 사는 것을 선호한다. 당신은 어느 쪽을 선호하며 이유는 무엇인가? 이유와 예시를 들어 설명하시오.

Sample Response 1
AT07_1A

I prefer to buy food that has already been prepared. I have two reasons to support my opinion. First, it helps me save time. I do not like all the time spent cooking food since I am hungry. If I buy prepared food, I can just eat it whenever I want, which is very convenient. Second, many people think buying prepared food is more expensive than cooking one's own food. But, buying all the ingredients can actually cost more than buying food that has already been prepared. These are the reasons why I prefer buying prepared food.	나는 이미 만들어진 음식을 사는 것을 선호한다. 내 의견을 뒷받침할 두 가지 이유가 있다. 먼저, 이 방법은 시간을 절약하도록 도와준다. 배가 고프기 때문에 나는 음식을 만들면서 시간을 보내는 것을 좋아하지 않는다. 미리 만들어진 음식을 사면 내가 먹고 싶을 때 먹을 수 있어서 매우 편리하다. 두 번째로, 많은 사람들이 만들어진 음식을 사는 것이 음식을 요리해 먹는 것보다 더 비싸다고 생각한다. 음식에 들어갈 모든 재료를 사는 것은 사실 이미 조리된 음식을 사는 것보다 비용이 더 들 수도 있다. 이것이 내가 이미 만들어진 음식을 사는 것을 선호하는 이유이다.

Sample Response 2
AT07_1A

I prefer to buy fresh ingredients to cook my own meals at home. I have two reasons to support my opinion. First, it is much healthier than prepared food. I sometimes feel suspicious of the ingredients in food that has already been prepared. If I cook my own food, I know what kinds of ingredients were used. The second reason is that I can put whatever ingredients I want in the food. If I buy prepared food and there are some ingredients that I don't like, I have	나는 집에서 직접 음식을 만들어 먹기 위해 신선한 재료를 사는 것을 선호한다. 내 의견을 뒷받침할 두 가지 이유가 있다. 먼저, 이미 만들어진 음식을 사는 것보다 훨씬 더 건강에 좋다. 나는 이미 조리된 음식의 재료에 때때로 의심이 간다. 만약 음식을 직접 만든다면 나는 어떤 종류의 재료가 들어갔는지 안다. 두 번째 이유는 내가 넣고 싶은 재료는 무엇이든 음식에 넣을 수 있다는 것이다. 이미 만들어진 음식을 샀는데 내가 좋아하지 않는 재료들이 들어가 있다면 그것들을 빼내야 한다. 그러나 내가 음식

to take them out. However, if I cook the food, I can use only the ingredients that I like for my meal. These are the reasons why I prefer buying ingredients and preparing my own food.

을 만든다면 좋아하는 재료들만 사용할 수 있다. 이것이 내가 재료를 사서 직접 음식을 만드는 것을 선호하는 이유이다.

📖 어휘

ingredient n 재료 **|** **suspicious** adj 의심스러운 **|** **prepared food** 조리식품

Task 2

Reading Passage

Mandatory Student Housing

Beginning in the fall semester, all freshmen will be required to live in the dormitories for a full two semesters. In the past, the policy was to allow freshmen over the age of 20 the option of living in the dormitories or to locate their own housing off of campus. However, in the interest of providing the best possible environment for studying, the dean of students has approved this plan. The majority of students who live off of campus have to get part-time jobs to pay for their rent, which limits the amount of time they can devote to studying. Students who wish to be exempted from this regulation must provide proof that they have the finances to live off of campus without needing to work.

의무적인 학생 기숙사

가을 학기부터 모든 신입생들은 두 학기 동안 기숙사에 살도록 요구됩니다. 과거의 정책은 20살 이상인 신입생들에게 기숙사에 살거나 캠퍼스 밖에 방을 구할 수 있게 허락하는 것이었습니다. 하지만 공부할 수 있는 최적의 환경을 제공하기 위해, 학생처장이 이 계획에 동의했습니다. 캠퍼스 밖에 사는 대다수의 학생들은 월세를 내기 위해 아르바이트를 찾아야 하는데, 이것은 그들이 공부에 할애할 수 있는 시간을 제한합니다. 이 규정에서 면제되길 원하는 학생들은 일하지 않아도 캠퍼스 밖에서 살 수 있는 재정이 있다는 증거를 제공해야 합니다.

Listening Script

 AT07_2Q

Ⓜ Did you hear about the new rule for incoming freshmen?

Ⓦ The housing issue? Yes, I was shocked.

Ⓜ As was I... why do you think they are doing this?

Ⓦ I'm not entirely sure. I think that it's good that the university is trying to ensure that freshmen get a solid start to their academic career, but is that really their motivation?

Ⓜ 새로 들어오는 신입생들을 위한 새로운 규칙에 대해 들었어?

Ⓦ 주거 문제 관련해서? 응, 깜짝 놀랐어.

Ⓜ 나도 그랬어⋯ 왜 이렇게 하는 것 같아?

Ⓦ 나도 확실하게는 잘 모르겠어. 학교 측에서 신입생들이 대학에서 학업생활을 알차게 시작하는 것을 확실히 해두려는 것은 좋다고 생각하는데, 이게 과연 정말 그들의 의도일까?

M What do you mean?

W Well, think about it. If the freshmen are forced to live in the dormitories, then the school will be charging them for housing. The money that they would otherwise spend to rent apartments off campus will be paid to the university. Although, it would probably cost them less than off-campus housing.

M That's true. Besides which, I lived in the dormitories when I was a freshman, and I still had a part time job. Not everyone has a scholarship or parents who can pay for all of their bills. Most students that work do so because they need to regardless of where they are living.

W Exactly. It just seems like the school is trying to guarantee that they receive the money that landlords otherwise would.

M Yes, it does appear that they have some kind of ulterior motive.

W Did you feel like your job interfered with your studying when you were a freshman?

M No, not really. Of course it took up a lot of my free time, but my parents could only help me so much.

W So, do you think that we should protest against this requirement?

M Yes, I think so. After all, the incoming freshmen cannot do anything about it.

W Yes, it really is unfair.

여 그게 무슨 뜻이야?

여 생각해 봐. 만일 신입생들이 하는 수 없이 기숙사에서 살아야 된다면, 학교에서는 기숙사 비용을 청구하겠지. 캠퍼스 밖의 아파트를 빌리기 위해 월세로 사용했을 돈을 대학교에 내는 셈이야. 비록 그게 캠퍼스 밖에 거주하는 것보다 비용이 덜 들 것 같긴 하지만 말이야.

남 그건 사실이야. 그뿐만 아니라, 내가 신입생일 때 기숙사에 살았었는데, 여전히 아르바이트를 해야만 했어. 모두가 장학금을 받거나 돈을 내줄 부모들이 있는 건 아니잖아. 일하는 학생의 대부분이 일하는 이유는 어디에 살든지 관계없이 일을 해야만 해서야.

여 그러니까. 학교에서는 집주인들이 받을 돈을 자신들이 받으려고 하는 것처럼 보여.

남 그러게. 학교 측에 무슨 숨은 동기가 있는 것처럼 보이네.

여 네가 신입생이었을 때 일하는 것이 공부하는 데 방해가 된다고 느꼈니?

남 아니, 그렇진 않았어. 물론 내 자유시간을 많이 잡아먹었지만, 부모님이 도와주실 수 있는 것에는 한계가 있었으니까.

여 그럼, 우리가 이 규정에 대해 항의를 해야 한다고 생각해?

남 응, 그렇게 생각해. 사실 이제 입학하는 신입생들은 아무것도 할 수 없으니 말이야.

여 응, 이건 정말 불공평해.

어휘

be required to ~하라는 요구를 받다 | in the interest of ~을 위하여 | be exempted from ~에서 면제되다 | regulation n 규정 | be forced to ~하도록 강요 받다 | ulterior adj 숨은 | motive n 동기 | take up 차지하다 | protest v 항의하다

The woman expresses her opinion about mandatory student housing for incoming freshmen. State her opinion and explain the reasons she gives for holding that opinion.

여자는 새로 입학하는 신입생들을 위한 의무적인 기숙사에 대해 자신의 의견을 표현하고 있다. 그녀의 의견이 무엇이며 그렇게 주장하는 이유가 무엇인지 설명하시오.

The new school policy states that all freshmen will be required to live in the dormitories for two semesters. Since many students who live off of campus take part-time jobs to pay their rent, they lack time to study. This policy will provide students with the best environment for studying. However, the woman thinks this idea is not a good one. First, living in the dormitories does not mean that students are exempt from paying a housing fee. The money that would be spent on rent would just be paid to the university instead. Some students will still have to look for part-time jobs. Secondly, having a part-time job does not really interfere with students' studying.

새로운 학교 정책은 모든 신입생들이 두 학기 동안 의무적으로 기숙사에서 생활해야 한다고 말하고 있다. 캠퍼스 밖에 사는 많은 학생들은 월세를 내기 위해 아르바이트를 하기 때문에, 공부할 시간이 부족하다. 이 정책은 학생들에게 공부를 할 수 있는 최고의 환경을 제공할 것이다. 하지만 여자는 이것이 좋은 아이디어라고 생각하지 않는다. 첫째, 기숙사에서 생활하는 것은 학생들이 기숙사 비용을 내지 않아도 된다는 것을 뜻하지 않는다. 월세로 지불될 돈이 그저 대학교에 지불된다는 뜻이다. 어떤 학생들은 여전히 아르바이트를 구해야 할 될 것이다. 둘째로, 아르바이트하는 것은 학생들의 학업을 별로 방해하지 않는다.

Task 3

Reading Passage

Groupthink

Groupthink is a phenomenon in which a group comes to a consensus that favors harmony or conformity over critical reasoning. Despite the negativity with which groupthink is often regarded, its effect can sometimes be positive. Firstly, it can foster innovation through the cultivation of a shared mindset within a group. While individual creativity is often celebrated, groupthink can create an environment where unconventional ideas are embraced collectively, leading to novel solutions to complex problems. Secondly,

집단 사고

집단 사고는 한 집단이 비판적 추론보다 조화나 순응을 선호하는 합의에 도달하는 현상이다. 흔히 집단 사고를 부정적으로 생각하지만, 때로는 긍정적인 효과를 가져올 수도 있다. 첫째, 이는 그룹 내에서 공유된 사고방식의 함양을 통해 혁신을 촉진할 수 있다. 개인의 창의성을 높이 평가하는 경우가 많지만, 집단 사고는 참신한 아이디어를 집단적으로 수용하는 환경을 조성하여 복잡한 문제에 대한 새로운 해결책을 이끌어낼 수 있다. 둘째, 집단 사고는 특히 소외된 커뮤니티나 대표성이 부족한 집단에게 사회적 결속력과 소속감을 증진시킬 수 있다.

groupthink can promote social cohesion and belongingness, particularly for marginalized communities or underrepresented groups. By reinforcing shared values and identities, groupthink can empower individuals to find strength in unity, fostering a sense of solidarity and support that transcends individual differences.

공유된 가치와 정체성을 강화함으로써, 집단 사고는 개인들이 단결 속에서 힘을 찾고 개인의 차이를 초월하는 연대 의식과 지지 의식을 키울 수 있다.

Listening Script

🎧 AT07_3Q

Imagine a small startup comprising a diverse team of engineers, designers, and marketers working on developing a new mobile app. During brainstorming sessions, the team encourages open communication and embraces equal expression, where everyone feels comfortable sharing their ideas without judgment. In this environment, a junior designer suggests a radical concept for the app's interface that challenges conventional norms. Instead of dismissing the idea for being too radical, the team engages in constructive dialogue, building upon the initial suggestion and refining it collaboratively. Had it not been for the phenomenon of groupthink, the radical concept might have been rejected. Why would this happen? Well, maybe the group didn't want the person with the idea to get all the credit. Maybe they didn't like the way he looked or talked. Maybe they were scared that the idea was too radical. But by putting harmony before any other consideration, groupthink enabled the group to consider a brilliant idea that might have otherwise been ignored.

Let's add a few more details to this. Imagine the startup is made up of members of one ethnic group, but the person with the radical idea is from a different ethnic group. In other situations, the person with the idea might be looked down upon. There is a real risk of discrimination when the

다양한 엔지니어, 디자이너, 마케터들로 구성된 작은 스타트업 팀이 새로운 모바일 앱을 개발하는 상황을 상상해 보세요. 브레인스토밍 세션 동안 팀은 개방적인 소통을 장려하고, 모든 사람이 편견 없이 자신의 아이디어를 자유롭게 표현할 수 있는 분위기를 조성합니다. 이러한 환경에서 한 신입 디자이너가 기존의 규범을 완전히 뒤엎는 급진적인 앱 인터페이스 개념을 제안합니다. 이 아이디어가 너무 급진적이라며 바로 거부하는 대신, 팀은 건설적인 대화를 나누며 초기 제안을 발전시키고 함께 개선해 나갑니다. 만약 집단 사고 현상이 없었다면, 이 급진적인 아이디어는 거부되었을 수도 있습니다. 왜 그런 일이 벌어질까요? 음, 아마도 그룹은 그 아이디어를 낸 사람이 모든 공로를 독차지하는 걸 원하지 않을 수 있습니다. 그 사람의 외모나 말투를 좋아하지 않았을 수도 있습니다. 아이디어가 너무 급진적이라 두려웠을 수도 있습니다. 하지만 조화를 다른 어떤 고려 사항보다 우선시함으로써, 집단 사고는 그 그룹이 그렇지 않았다면 무시될 수도 있었던 뛰어난 아이디어를 고려할 수 있게 만들었습니다.

여기에 몇 가지 세부 사항을 더해봅시다. 이 스타트업 팀은 한 민족 집단으로 이루어져 있지만, 급진적인 아이디어를 제안한 사람은 다른 민족 출신이라고 상상해 보세요. 다른 상황에서는, 그 아이디어를 낸 사람이 무시당할 수도 있습니다. 소수자가 다수보다 훨씬 적을 때는 차별의 위험이 실재합니다. 하

minority is much smaller than the majority. But in the case described, the team members are conscious that they are part of a group with a shared goal, a mutual appreciation for technology, and a common vision for the young company. Suddenly, ethnicity doesn't matter, and groupthink takes over because of their commonalities. Just like that, groupthink enables the startup to consider ideas from an individual who, in other situations, might be excluded.

지만, 이 사례에서는 팀원들은 자신들이 공통의 목표를 가진 그룹의 일원이라는 점을 인식하고, 기술에 대한 상호 존중과 젊은 회사에 대한 공통된 비전을 공유하고 있습니다. 갑자기 민족성은 중요하지 않게 되고, 집단 사고는 이들의 공통점 때문에 발휘됩니다. 이렇게 해서, 집단 사고는 스타트업이 다른 상황에서는 배제될 수 있었던 개인의 아이디어를 고려할 수 있게 합니다.

🗒 어휘

phenomenon n 현상 | **consensus** n 합의 | **favor** v 호의적으로 대하다 | **harmony** n 조화 | **conformity** n 순응 | **critical reasoning** 비판적 사고 | **foster** v 육성하다 | **innovation** n 혁신 | **cultivation** n 배양 | **mindset** n 사고방식 | **unconventional** adj 참신한, 판에 박히지 않은 | **embrace** v 받아들이다 | **collectively** adv 집단적으로 | **novel** adj 새로운 | **cohesion** n 결속 | **belongingness** n 소속감 | **underrepresented** adj 과소 대표된 | **reinforce** v 강화하다 | **unity** n 단결 | **transcend** v 초월하다 | **comprise** v 구성하다 | **diverse** adj 다양한 | **radical** adj 급진적인 | **constructive** adj 건설적인 | **enable** v 가능하게 하다 | **ethnic** adj 민족의 | **discrimination** n 차별 | **majority** n 다수 | **commonality** n 공통점 | **exclude** v 제외하다

Question

The professor discusses an example from a workplace setting. Explain how it relates to groupthink.

교수님이 직장 환경의 예를 들어 설명한다. 이 예가 집단 사고와 어떤 관련이 있는지 설명하시오.

Sample Response

The passage explains that groupthink takes place when a group comes to a decision that prioritizes social cohesion over a more rational decision. It explains that this can sometimes have positive effects. The professor provides examples that take place at a startup. The employees brainstorm ideas for some new software. Because of groupthink, the employees are able to consider extremely radical ideas for the sake of the group. He explains that outside of the group dynamic, such radical ideas may be rejected for a variety of

이 글에서는 집단 사고가 보다 합리적인 결정보다 사회적 결속을 우선시하는 결정을 내릴 때 발생한다고 설명한다. 이것이 때때로 긍정적인 효과를 가져올 수 있다고 설명한다. 교수는 스타트업에서 일어나는 사례를 예로 들어 설명한다. 직원들이 새로운 소프트웨어에 대한 아이디어를 브레인스토밍하고 있다. 집단 사고 덕분에 직원들은 그룹을 위해 매우 급진적인 아이디어도 고려할 수 있다. 그는 이러한 급진적인 아이디어는 그룹 역학 관계 밖에서는 여러 가지 이유로 거부될 수 있다고 설명한다. 강의에서는 직원 중 단 한 명만 다른 민족의 구

reasons. The lecture also brings up the scenario of only one of the employees being a member of a different ethnicity. But because of the company's shared values, everyone is able to put their biases aside and consider the ideas of all employees, including the person of a different ethnicity.

성원이라는 시나리오도 소개한다. 하지만 회사의 공유 가치 덕분에 모두가 편견을 버리고 다른 인종을 포함한 모든 직원의 아이디어를 고려할 수 있다.

Task 4

It might surprise you, but infants have some impressive number skills brewing right from the get-go.

놀랍게 들릴지 모르겠지만, 아기들은 태어날 때부터 놀라운 숫자 감각을 가지고 있습니다.

First, let's talk about basic numeracy. Infants might not be whipping out calculators just yet, but they've got a solid grasp on the concept of quantity. Researchers have conducted experiments to test infants' basic numeracy skills, specifically their ability to understand quantity. In one experiment, an adult hides a certain number of objects under a blanket while the infant watches. Then, without the infant seeing, the adult either removes or adds an object. When the blanket is lifted, researchers observe the infant's reaction. The results show that infants as young as six months old notice the change—they express surprise and look longer at the scene, as if searching for the missing object or questioning the extra one. This suggests that even at a very young age, babies have an inherent sense of quantity and can detect when something doesn't add up.

먼저, 기본적인 수 개념에 대해 이야기해 봅시다. 아기들이 아직 계산기를 꺼내 들진 않겠지만, 양의 개념은 이미 확실히 잡고 있습니다. 연구자들은 아기의 기초적인 수 감각, 특히 수량을 이해하는 능력을 시험하기 위한 실험을 수행했습니다. 한 실험에서는 한 성인이 아기가 보는 앞에서 특정 개수의 물체를 담요 아래에 숨깁니다. 그 후, 아기가 보지 않는 동안 성인이 물체를 하나 빼거나 추가합니다. 담요를 걷어 올렸을 때 연구자들은 아기의 반응을 관찰합니다. 실험 결과, 생후 6개월 된 아기조차도 이러한 변화를 감지하며, 사라진 물체를 찾거나 추가된 물체를 의아해하는 듯이 놀라며 더 오래 응시하는 모습을 보였습니다. 이는 아주 어린 나이에도 아기가 기본적인 수량 감각을 가지고 있으며, 수량이 맞지 않을 때 이를 인식할 수 있음을 시사합니다.

This all suggests that babies can not only count but also detect addition and subtraction! Their surprise when an object goes missing or appears shows they notice these changes. It's amazing to think that even infants have a basic grasp of math.

이 모든 것은 아기들이 단순히 셀 줄 아는 것뿐만 아니라 덧셈과 뺄셈도 감지할 수 있음을 시사합니다! 물체가 사라지거나 추가될 때 놀라는 반응을 보이는 것은 그 변화를 인식한다는 것을 보여줍니다. 아기조차도 기본적인 수학 개념을 이해한다는 것은 정말 놀랍습니다.

어휘

infant n 갓난아기 | **impressive** adj 인상적인 | **brew** v 서서히 생기다 | **right from the get-go** 시작부터 | **numeracy** n 수리 능력 | **grasp** n 이해 | **conduct** v 수행하다, 실시하다 | **quantity** n 양, 수량 | **express** v 표현하다 | **question** v 의심하다 | **inherent** adj 본질적인 | **detect** v 감지하다 | **add up** 계산이 맞다 | **addition** n 덧셈 | **subtraction** n 뺄셈

Question   AT07_4Q

In the lecture, the professor provides two examples of infant numerical intelligence. Briefly explain his points by providing some details.	강의에서 교수는 아기의 수리 지능에 대한 두 가지 예를 제시한다. 몇 가지 세부 사항을 제시하여 그의 요점을 간략하게 설명하시오.

Sample Response   AT07_4A

The lecture provides two examples of young babies grasping basic numerical concepts. First, the lecture gives an example of how infants demonstrate counting skills. If a certain number of objects are hidden by a cloth, and then the cloth is taken away revealing a different number of objects, babies notice the discrepancy. Babies will stare at the objects for a while, wondering why the number of objects changed. This leads to the second example, regarding addition and subtraction. Noticing that the number of objects changed means that the infant is able to form an idea of the addition and subtraction of objects.	이 강의는 아기가 기본적인 수 개념을 이해하는 두 가지 예를 제공한다. 먼저, 강의는 아기가 수 세기 능력을 어떻게 발휘하는지 예로 든다. 특정 수의 사물이 천으로 가려져 있다가 천이 걷어지며 다른 수의 사물이 드러나면 아기들은 그 차이를 알아챈다. 아기들은 왜 물체의 수가 달라졌는지 궁금해하며 한동안 물체를 응시할 것이다. 이것은 덧셈과 뺄셈에 관한 두 번째 예로 이어진다. 물체의 수가 변했다는 것을 알아차린다는 것은 아기가 물체의 덧셈과 뺄셈에 대한 개념을 형성할 수 있다는 것을 의미한다.

PAGODA TOEFL

Actual Test

SPEAKING

PAGODA TOEFL

Actual Test

SPEAKING

PAGODA TOEFL

Actual Test

SPEAKING